U0582483

东江革命简史

广东东江干部学院　编著

中国文史出版社

CHINA CULTURAL AND HISTORICAL PRESS

图书在版编目（CIP）数据

东江革命简史／广东东江干部学院编著. -- 北京：
中国文史出版社，2024. 12. -- ISBN 978-7-5205-5048
-2

Ⅰ. K296.5

中国国家版本馆 CIP 数据核字第 2024CD6640 号

策划出品：广东东江干部学院
出版统筹：广东阅客文化发展有限公司

责任编辑：程　凤

出版发行：中国文史出版社

社　　址：北京市海淀区西八里庄路 69 号　邮编：100142

电　　话：010-81136606　81136602　81136603（发行部）

传　　真：010-81136655

印　　装：深圳市精彩印联合印务有限公司

经　　销：全国新华书店

开　　本：1 / 16

字　　数：190 千字

印　　张：13.75

版　　次：2024 年 12 月北京第 1 版

印　　次：2024 年 12 月第 1 次印刷

定　　价：85.00 元

《东江革命简史》编委会

前　言

　　习近平总书记指出，红色资源是我们党艰辛而辉煌奋斗历程的见证，是最宝贵的精神财富。革命老区是党和人民军队的根，我们永远不能忘记自己是从哪里走来的，永远都要从革命的历史中汲取智慧和力量。

　　广东革命史，半部在东江。东江革命斗争在广东地方党史上占有重要的地位，是中国共产党历史上浓墨重彩的一笔。这里是全国农民运动的重要策源地，彭湃、古大存等革命先驱在这里组织领导发动农民运动，为南昌起义军南下广东奠定了重要的群众基础。这里是中国工农红军的重要活动地，南昌起义军南下广东，周恩来、贺龙、叶挺、朱德等革命先辈在这里留下战斗足迹，起义军余部在惠东县高潭镇中洞村改编为工农革命军第二师。这里是全国苏维埃政权的重要创建地，1927年11月11日，高潭区苏维埃政府宣布成立，这是全国第一批苏维埃政权之一，海丰、陆丰等地也先后建立了全国最早一批县级苏维埃政府。这里锻造了抗日战争时期华南敌后战场上的中流砥柱——东江纵队，这里还是解放战争时期广东解放的主战地。深厚的红色基因在东江薪火相传，留下了上千处星罗棋布的红色印记，记录着党团结带领人民在东江地区传播马克思主义、艰辛探索革命道路、逐渐成长成熟并走向胜利的光辉历程。

　　为挖掘红色资源，传承红色基因，赓续红色血脉，广东东江干部学院精心编撰《东江革命简史》一书。本书循沿东江地区1919年至1949年的革命历史脉络，以《中国共产党东江地方史》和《东江革命根据地史》等书籍为参考，综合地方志、革命档案及最新研究成果，系统梳理了东江地区从农民运动兴起、苏维埃政权建立、抗日烽火燃遍南粤到迎接解放的历史脉络。全书以时间为轴，以事件为纲，兼顾宏观叙事与微观细节，力求还原波澜壮阔的革命图景。本书注重将党性教育贯穿始终，让党史学习和党性教育同频共振、同向发力，让广大党员干部加强党史学习，做到学史明理、学史增信、学史崇德、学史力行，进一步淬炼思想、锤炼党性。

在编写过程中，我们深切感受到党史研究的厚重与使命。甘溪五人党支部6年的绝境坚守，彭湃革命理想高于天的坚定信念，东江纵队营救文化精英的伟大壮举，无不令人动容。伟大事业孕育伟大精神，伟大精神引领伟大事业。革命战争年代，在血与火的淬炼中，东江儿女忠诚如铁、敢为人先、不怕牺牲、一往无前，这些跨越时空的精神力量，将激励广大党员干部深刻领悟"两个确立"的决定性意义，增强"四个意识"、坚定"四个自信"、做到"两个维护"，以更加昂扬的姿态，锐意进取，踔厉奋发，在推进中国式现代化的实践中续写华章。

2025年是中国人民抗日战争胜利80周年，出版《东江革命简史》一书，既是对革命先烈的深切缅怀，也是打造新时代党员干部锤炼党性的鲜活教材。广东东江干部学院自2020年成立以来，始终坚持"党校姓党"原则，以"为党育人、铸魂赋能"为宗旨，依托东江丰富红色资源与改革开放前沿优势，打造党性教育高地、新发展理念实践窗口和"双区"建设交流平台。接下来，学院将进一步用好红色资源，增强党性教育实效，让广大党员、干部在接受红色教育中守初心、担使命，把革命先烈为之奋斗、为之牺牲的伟大事业奋力推向前进。

因史料浩繁、学力所限，书中难免疏漏，恳请读者不吝指正。

广东东江干部学院

2024年12月

目录

第五章 东江全境的解放

第一章

东江地区新民主主义革命的发轫

在新民主主义革命的历史长河中，东江地区是马克思主义传播与实践的重要阵地。从思想觉醒到工农运动的蓬勃兴起，马克思主义在东江的实践既彰显了理论的真理力量，也书写了中国革命探索的早期篇章。

五四运动后，马克思主义如破晓之光，通过多元渠道照亮东江大地。留日学生彭湃从日本带回进步书刊，在家乡海丰创办"社会主义研究社"，亲自宣讲唯物史观和阶级斗争理论，成为东江地区马克思主义传播的播火者之一。他撰写的《海丰农民运动》，以马克思主义阶级分析方法解剖农村社会，为农民运动提供了理论武器。与此同时，广州等地的东江籍进步学生如阮啸仙、刘尔崧等，通过创办进步刊物，将《新青年》《每周评论》等进步刊物传入紫金、河源等地，在工农群众中播撒革命种子。社会主义青年团的建立则为理论传播搭建了组织载体，1922年10月间，中国社会主义青年团海丰特别支部正式成立，这是东江地区最早建立的社会主义青年团组织，马克思主义在东江地区开始从思想传播转向组织实践，为后续工农运动奠定了基础。

1923年，彭湃在海丰成立中国第一个县级农会——海丰总农会，提出"反对升租吊田""改良农业"等纲领，将抽象的阶级理论转化为农民的具体诉求。农会通过"二五"减租、"焚烧田契"等行动，使农民在经济斗争中认识到"土地归劳动者"的合理性，至1923年，海丰农会会员达

13.4万人，真正实现了"一切权力归农会"。

工人运动同样在马克思主义指引下蓬勃发展。1925年省港大罢工中，东莞、宝安等地工人组织纠察队封锁港口，配合农民军打击走私，展现了无产阶级的团结力量。东江各地工会成立后，要求增加工资、缩短工时等，工人阶级通过组织化斗争提升了政治经济地位。

马克思主义在东江地区的传播和实践，是理论落地的生动范本。它不仅培育出了彭湃、阮啸仙等一批杰出革命家，更证明了只有将马克思主义基本原理与中国具体实际相结合、同中华优秀传统文化相结合，植根工农群众，才能激发出改天换地的革命力量。

习近平新时代中国特色社会主义思想是当代中国马克思主义、21世纪马克思主义，是中华文化和中国精神的时代精华。党员干部必须把学习贯彻习近平新时代中国特色社会主义思想作为安身立命之本，紧密结合自身实际，全面系统掌握这一思想的基本观点、科学体系，坚持好、运用好贯穿其中的立场观点方法，坚持学思用贯通、知信行统一，把习近平新时代中国特色社会主义思想转化为坚定理想、锤炼党性和指导实践、推动工作的强大力量，努力在以学铸魂、以学增智、以学正风、以学促干方面取得实实在在的成效。

一、旧民主主义革命时期东江地区的斗争

　　东江地区因五岭阻隔，历史上属于岭南。其位置独特，东依闽西闽南，西连珠江三角洲，北靠赣粤边境，南临大海。境内山脉纵横，河流众多，地形以山地为主，仅东南沿海为丘陵平原地带，海岸线漫长，岛屿港湾星罗棋布。水陆交通便利，既是闽、赣至广州的必经之地，又是通往海外的最近出海口。东南重镇汕头，是闽、粤、赣三省边区物资集散地；西南重镇惠州，地处咽喉要塞，是历代兵家必争之地。封建社会时期，东江地区的经济以农业为主。19世纪初，东江地区资本主义萌芽，手工工场出现，冶炼、铁器、纺织等手工业兴起，铁矿生产规模较大，归善（今惠阳）、永安（今紫金）等多地设有冶炼场。连平、归善、海丰有钨矿开采，河源有铜矿生产，工场虽规模小，但工人可达数十至百余人。矿产冶炼规模的不断扩大带动工人队伍发展壮大。

罗浮山旧照

东江地区靠海，盐业生产占广东全省比重较大。归善的淡水（今属惠东平海镇）、碧甲、大洲（今属惠东），海丰的畎白，陆丰的石桥、小靖等六大盐场，是清朝重要的税收来源。盐工和相关民工不断增多，形成了一定规模的盐业工人队伍。

　　由于地理位置优越和水陆交通较为方便，惠州、平山、老隆、河源等地成为东江流域农副产品的集散地和潮梅至广州的物资中转站。清朝中期废除"匠籍"，民营手工业开始活跃，促进商业发展。县城和大圩镇出现众多作坊、工场，失去土地的农民进入工场、作坊做工。商品经济发展下，商行、店铺涌现，惠州、平山等地凭借地理和交通优势，成为农副产品集散地与物资中转站，商贸繁荣。

　　鸦片战争后，中国逐步沦为半殖民地半封建社会，被迫签订《南京条约》《天津条约》等一系列不平等条约，香港被割让给英国，广州、汕头、惠州等地相继沦为通商口岸，列强借此获得驻兵、军舰自由出入海域、设立租界、掌控海关、开设银行与商行，以及不受中国法律约束等特权。在东江地区，外国侵略者与封建官僚相互勾结，肆意操控金融机构与

―――――19世纪，大批华工被诱骗拐卖出洋。由于船上的生活条件极其恶劣，许多华工在航程中染上疾病或被虐待致死，因此这些船只被称为"浮动的地狱"

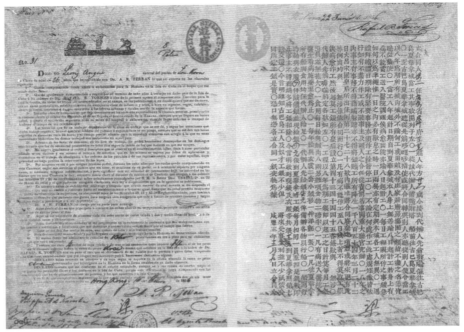

外贸市场，大量倾销外国商品，对当地农村经济与手工业生产造成了毁灭性打击，致使大量农民破产。在此过程中，专门为帝国主义服务的买办阶级随之形成。买办阶级凭借外国势力赋予的特权，在农村肆意操纵农产品市场，以极为低廉的价格掠夺性收购当地农产品，又以高价向农民出售消费品，严重破坏了东江地区原有的经济秩序，加速了传统自给自足的自然经济的瓦解。农民在这种双重压榨下，生活陷入绝境，对买办阶级和封建势力的怨恨与日俱增，社会矛盾开始激化。

封建土地制度也加剧了社会的不平等。在东江地区，占农村人口74%以上的贫苦农民仅占有19%的可耕地，而占农村人口6%的地主、富农却霸占了66%的可耕地。农民中佃农比例高达80%以上，地租占农民收入的60%至80%。清光绪末年，梅州城乡税收繁杂，多达10大类817项，农民除了要上缴沉重的朝廷赋税，还要承受地方层出不穷的苛捐杂税，只能靠借高利贷维持生计，陷入"加一九扣""九出十三归"等高利贷的残酷剥削中，"父债子还"的规约更让许多农民家庭世代难以翻身。①

与此同时，土匪、民团和军阀各霸一方，严重扰乱了社会秩序。国外势力为达到侵略目的，在香港、澳门等地为土匪提供武器和经费，土匪四处打家劫舍，百姓苦不堪言。民团作为地主阶级维护自身利益的反动武装，名为保护村民，实则是替地主豪绅催粮逼债、镇压农民的工具。军阀在帝国主义扶持下争权夺利，致使地方政府频繁变动，农民的捐税负担日益沉重。正如彭湃指出的："地主虎狼的掠夺，军警无厌的苛勒，日甚一日，惨病百般，不可言谕！"②

在列强、买办地主、土匪、民团和军阀的多重压迫下，再加上连年自然灾害，大量农民和手工业者纷纷破产，卖儿卖女、背井离乡、逃荒求乞者不计其数。因东江地区靠近南洋，不少人被迫远走海外谋生，这部分人包括自由劳工与契约劳工（又称"债奴"，俗称"卖猪仔"）。19世纪后期，澳洲及美国西部发现金矿，开采需要大量的劳动力。于是，西方殖民主义者以不平等条约为掩护，拐骗与掳掠大量华工出国，利用汕头等沿海口岸，从事中国廉价劳工的贩卖。大批破产的农民、手工业者生活无着，被迫陷入西方殖民主义者和人贩子的圈套，成为"猪仔贸易"的牺牲品。契约劳工签约后失去自由，饱受折磨，许多人死亡或自杀。据不完全统计，从1864年至1911年的47年间，东江地区被迫下南洋谋生的达209万人，平均每年达4万余人。

黑暗中，东江地区广大民众与帝国主义、封建主义之间的矛盾达到了白热化程度，反抗的火种在民间孕育。正如毛泽东指出："帝国主义和中国封建主义相结合，把中国变为半殖民地和殖民地的过程，也就是中国人

① 《中国共产党东江地方史》编纂委员会：《中国共产党东江地方史》，第5页，广东人民出版社，2001年版。

② 《彭湃文集》，第25页，人民出版社，1981年版。

民反抗帝国主义及其走狗的过程。"①为了反压迫反剥削，东江人民开始了英勇坚强、艰苦卓绝的反抗和斗争。

1839年6月，林则徐在东莞虎门海滩销毁收缴的200多万斤鸦片，沉重打击英、美等国的鸦片烟贩，彰显中国人民反抗侵略的坚定意志，成为反帝国主义斗争的开端。

1841年5月25日，英军攻陷广州城北炮台。27日，清廷与英签订《广州和约》，承诺支付赎城费、清军撤离广州等条件，换取英军交还炮台、退出虎门。然而英军违约窜扰西北郊村庄，29日三元里村民击退英军，各地团练联合群众痛击英军，6月1日英军退出广州。三元里抗英斗争是近代史上中国人民第一次自发的大规模抵抗外国侵略的斗争。

1851年1月，洪秀全发动太平天国起义，归善县曾天养、古隆贤率部加入太平军。1859年，石达开率兵南下进入东江地区，东江人民热烈响应。

19世纪中叶后，列强加紧侵略，先后挑起第二次鸦片战争、中法战争、甲午中日战争，面对外敌入侵，东江人民展现出英勇无畏的爱国主义精神。以孙中山为代表的无数仁人志士逐渐清醒地认识到：只有推翻腐朽的清朝反动统治，中国才有出路。孙中山是无数仁人志士中的杰出代表，为了"倾覆清廷，创建民国"，孙中山一次又一次地策划推翻清朝黑暗统治的武装起义。

1900年，孙中山等策划了惠州武装起义。10月，郑士良以归善县三洲田（今属深圳市）为据点发动起义，夜袭沙湾镇清军获胜，史称"三洲田起义"（又称"惠州起义"）。起义军乘胜前进，先后攻打镇隆、麻溪、三栋、永湖、梁化、多祝等地，沿途农民纷纷加入起义队伍，起义军发展到两万多人。起义军多路出击，威胁惠州，后因情况有变，购买武器的计划落空，起义中途夭折。三洲田起义虽然最终失败，但是推动了革命形势

① 《中国革命和中国共产党》，见《毛泽东选集》第二卷，第632页，人民出版社，1991年版。

的发展。

1907年5月，邓子瑜奉孙中山之命从南洋返香港，委派陈纯等人在博罗、龙门、饶平等地发动起义。6月，邓子瑜率陈纯等在惠州七女湖发动起义，连克多地，多次挫败清军。起义军因弹药殆尽，又闻配合起义的潮州黄冈起义失败、龙门起义未能举行，为保存革命力量，只能自行解散。

此外，在东江地区还有余绍兴、钟作新也先后举行过反清的武装起义。

在两次惠州起义的基础上，惠州同盟会会员于1911年秋分赴淡水、陆丰、海丰、紫金、河源、龙川、连平、和平、博罗等地组织民军，继续开展反清斗争。9月初，陈炯明、邓铿在淡水城发动民众，与沙坑乡、坑梓乡（今属深圳市）的民军联合，一举攻占淡水。各地民军闻讯，纷纷起义。惠州中学堂数十名学生，在同盟会会员陈经的率领下作为起义先锋参加起义。另一部分民军分别由丘耀西、陈洁等率领，由公庄、柏塘分两路攻占博罗城。清军提督眼见大势已去，只好投降，革命军遂入惠州城。随后，陆丰、海丰等多地相继光复。

1911年10月，武昌起义成功，建立了中华民国，史称"辛亥革命"，结束了中国2000多年的封建专制统治。辛亥革命虽然推翻了清王朝的统治，但由于没有提出明确的反帝反封建政治纲领，没有广泛发动群众，也没有形成一个坚强有力的革命政党，因而无法巩固革命的成果，革命果实被袁世凯窃取。1915年袁世凯复辟帝制，遭全国反对。为维护辛亥革命果实，孙中山发动讨伐袁世凯的"二次革命"。1916年6月6日，袁世凯在全国人民的声讨中忧惧而死，政权落入北洋军阀手中。1917年，孙中山发起第一次护法运动，旨在维护"临时约法"。1920年，孙中山返回广州，重建军政府，发起第二次护法运动。1921年4月，国会非常会议选举孙中山为中华民国非常大总统，5月孙中山宣誓就职。同年夏，正当孙中山举兵北伐时，时任粤军总司令兼广东省省长的陈炯明叛变，炮轰总统府，企图置孙中山于死地，孙中山被迫再次离开广东。陈炯明的叛变，使护法运动

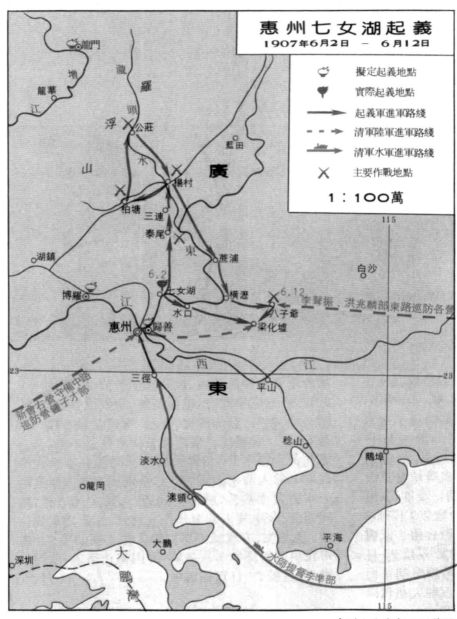

惠州七女湖起义形势图

终告夭折。

旧民主主义革命的历史表明，在旧民主主义革命道路上，农民阶级不可能独立完成民主革命的任务，单纯的农民革命，既不可能摧毁封建专制制度，也不能最终完成反帝斗争大业。中国民族资产阶级由于自身的局限性，也不可能完成民主革命的任务。"中国反帝反封建的资产阶级民主革命的任务，历史已判定不能经过资产阶级的领导，而必须经过无产阶级的领导，才能够完成。"[①]

　　① 《中国共产党在抗日时期的历史任务》，见《毛泽东选集》第一卷，第261-262页，人民出版社，1991年版。

二、马克思主义在东江地区的传播

1919年1月，第一次世界大战协约国在巴黎召开和平会议，史称"巴黎和会"。中国作为协约国提出的合理的权益诉求被拒，帝国主义列强压迫北洋军阀政府在和约上签字，巴黎和会上中国外交失败的局面形成。消息传到国内，群情激愤。5月4日，北京学生3000余人齐集天安门前举行示威，震惊中外的五四运动爆发。

五四运动突破了知识分子的狭小范围，成为有工人阶级、小资产阶级和资产阶级参加的全国规模的群众运动，中国工人阶级开始登上政治舞台，标志着新民主主义革命的伟大开端。五四运动的消息传到东江地区后，各界反响强烈，青年学生、工农民众集会、游行，声援北京学生，冲击了帝国主义和反动军阀统治，为马克思主义传播奠定基础。

五四运动作为空前规模的反帝反封建的爱国运动，深刻影响了东江地区各界民众，把东江地区反帝反封建斗争推进到历史新时期，在东江近代史上具有划时代的意义。在东江人民呼应五四运动的行动中，涌现出彭湃、阮啸仙、刘尔崧、刘琴西、高恬波、赖炎光、郑志云等一批先进青年知识分子，他们在参与爱国运动的实践中得到锻炼，并进一步认识到工人阶级和人民群众的伟大力量，更推动了马克思主义在东江地区的传播逐步扩大。在他们的引导下，东江各地青年知识分子投身新文化、新思想的宣传，深入工农群众，为东江地区建立

高恬波（1898—1929）

党组织打下了坚实的基础。

马克思主义在东江地区的传播渠道，主要有两个方面。

一是来自国内的传播。

其一以刘尔崧、赖炎光、阮啸仙、周其鉴、张善铭、高恬波、黄居仁、陈均平等在广州读书的东江籍青年学生为代表，他们或参加广州的各种革命活动，或回家乡组织爱国运动，或开办农民夜校，积极传播革命道理，成为东江地区传播马克思主义的中坚力量。

刘尔崧，广东紫金人，1918年以优异成绩考入广东省立第一甲种工业学校（简称"甲工"）机械科。课余时间喜欢读《新青年》《每周评论》等进步书刊的他，被推举为校学生会主席。1919年，北京爆发五四运动，刘尔崧与阮啸仙等人热血澎湃，立即发动校内外学生投入反帝斗争，发动同学到校外发表演说，号召大家参加这场伟大的运动。5月30日，刘尔崧、阮啸仙发动广州大中学生三万多人，举行声势浩大的抵制日货大游行。队伍到达售卖日货的大新、先施、真光三大公司时，高呼"外争国权，内惩国贼""抵制日货"等口号，烧毁了一些日货。广东省警察厅厅长魏邦平派警察逮捕了刘尔崧等三人。当晚，几百名学生到警察厅请愿，

要求释放爱国学生。慑于群众的浩大声势，魏邦平理屈，同意释放刘尔崧等人。刘尔崧动情地写下了"莽莽大地，哪块是我们的故乡？济济终生，哪个是我们的知己？孤零零的几个人，连成一起；海可枯，石可烂，此志不可移"①这首诗。在发动抵制日货大游行的同时，刘尔崧还动员赖炎光回到紫金县城，与刘琴西等人一起成立紫金青年联合会，组织紫金县各乡镇青年学生查禁日货。由于刘尔崧在学生运动中的突出表现，他被

《新青年》封面

① 《兄承弟遗志发起红色暴动》，见《河源晚报》，2017年4月18日。

刘尔崧（1899—1927）

阮啸仙（1898—1935）

张善铭（1900—1928）

周其鉴（1893—1928）

推选为于1919年6月成立的广东中等以上学校学生联合会（简称"中上学联"）的主要负责人之一，继续领导广州的学生运动。刘尔崧、阮啸仙、周其鉴与张善铭被誉为"红色甲工"的"四大金刚"。

阮啸仙，广东河源人，1918年秋毕业于源城三江高级小学，来到广州后考入甲工机械科。此时，介绍俄国十月革命、宣传民主共和思想的书报传播到广州，阮啸仙和同学周其鉴、刘尔崧等组织了读书会，探讨新思想。在五四运动中，他参与组织中上学联，上街游行示威，反对帝国主义侵略和军阀卖国行径，营救被捕同学，为唤起群众的觉悟而奔走呼号。他认为"提倡平民主义，打破军阀制度"①，必须"商工农士，都要出来争人格，谋自由，监督政府，干预政治"，中国才有希望。经过五四运动的锻炼，1920年8月，阮啸仙在广州加入社会主义青年团，稍后又加入广州马克思主义研究会，孜孜不倦地学习有关马克思主义的著作、文章，积极参加各种社会活动。

其二是以谭平山、陈公博、谭植棠、黎樾廷等在北京读书的东江籍青年学生为代表。五四运动前，在北京读书的东江籍学生受新文化运动的影响，曾将北京出版的进步书刊传回东江地区，引起东江地区青年学生的关注。五四运动爆发后，《新青年》《每周评论》等宣传社会主义、马克思主义的书刊陆续传到东江地区，各阶层人士特别是青年学生，受到启发和教育。随着这些进步青年往返东江，新文化运动的影响进一步扩大，宣传民主、科学思想的行动逐步深入社会各阶层。

谭平山，广东高明人，1917年夏考入北京大学，在俄国十月革命的影响下，学习、接受和宣传马克思主义思想，参与组织新潮社，创办《新潮》杂志，发表介绍《资本论》和《共产党宣言》的文章，很快使《新潮》成为当时具有一定影响力的刊物。五四运动后，谭平山积极投身这场反帝爱国运动，组织学生上街游行，支援北京反帝爱国学潮。1920年，谭平山与陈公博、谭植棠回广州，组建社会主义青年团，创办《广东群报》和宣讲员养成所。谭平山在《广东群报》上发表了大量针对性、战斗性很强的专论和时评，《广东群报》成为宣传马克思主义、社会主义新思想的重要阵地，为广东党组织的建立奠定了思想基础。

黎樾廷，广东东莞人，在北京大学求学期间，受到共产党创始人李

① 《我对于筹办各县自治的忠告》，见《阮啸仙文集》，第5页，广东人民出版社，1984年版。

大钊和陈独秀的影响，逐渐成为坚定的共产主义者，并追随老师投身革命运动，积极参加五四运动。在运动中，黎樾廷与北京大学的师生一起，共同反对帝国主义和封建主义。从北京大学毕业后，他回到东莞革新教育制度，传播马克思主义。

杨嗣震（1895—1927）

许甦魂（？—1931）

二是来自国外的传播。

辛亥革命后，东江地区有一批怀着救国理想留学日本的青年。他们在日本接触到各种新思想，并在俄国十月革命后受到社会主义思想的影响，他们通过创办刊物《赤心》来交流社会主义学说等新思想的研究成果，并通过写文章及书信，向国人介绍马克思主义。其中最有代表性的是留日学生彭湃等人。

1920年10月，在日本早稻田大学留学的彭湃、李春涛、杨嗣震、王鼎新、陈卓凡等青年学生，在东京组织进步团体赤心社。1921年5月，彭湃回到家乡海丰，率领进步青年深入社会各阶层，向工农群众宣传马克思主义。他们在县城公开演讲《农民生活与地租问题》《社会问题与社会主义》，从工农群众关心的问题入手，讲述他们前所未闻的革命道理，在工农群众中种下革命的种子。1922年5月4日，彭湃在海丰组织纪念"五一"国际劳动节大游行，他高举红旗作为前导走在游行队伍前面，并为游行创作《劳动节歌》。5月9日，彭湃被免去海丰县教育局局长职务，5月14日，彭湃和李春涛编辑出版《赤心周刊》传播马克思主义。

此外，还有华侨归国青年及留学欧洲的青年学生。如旅居新加坡的华侨青年许甦魂在新加坡华侨青年中发起成立旅新华侨反帝救国救援会，领导华侨开展斗争，有力声援和配合了国内的反帝爱国运动。1920年，许甦魂回到家乡广东潮安，眼见封建落后的思想仍在束缚着社会的发展，他决心从教育改革入手，改变家乡的面貌。他将家乡私塾改革为新制"凤岐小学"，积极创办凤岐女子夜校，并带动邻近乡村兴办各种男女夜校，开展新文化教育。华侨青年姚维殷、廖质生等人回到潮州，带回《社会主义史略》《五一劳动节史略》等进步书刊并在当地出售，使宣传马克思主义的书刊在潮汕开始流传，销售扩展到汕头、澄海、潮阳、揭阳等县市，为马克思主义广泛传播作出了积极贡献。赴法国勤工俭学的青年学生邹世俊、骆开先、彭思华、黄国章等人，在法学习期间，也曾将介绍马克思、恩格斯及其学说的书刊寄回龙川，使书刊在进步人士中传阅，这也成为马克思主义传播的一个渠道。

马克思主义在东江的传播，还经历了与无政府主义等错误思潮斗争的过程。当时，各种冒牌的社会主义，如无政府主义，基尔特社会主义等曾经在东江有一定的市场。东江地区的先进青年知识分子，正是通过对众多社会思潮的辨识和比较，认定马克思主义的科学社会主义才是救国救民的真理，因而逐步摒弃了冒牌的社会主义，自觉地站到马克思主义的立场上来。他们发挥桥梁作用，把马克思主义传播到工农大众中去，使许多人日益觉悟并组织起来，先进知识分子自己也在斗争中经受了锻炼，成为具有初步共产主义觉悟的先进分子，这既为中国共产党、社会主义青年团东江地方组织的创建奠定了基础，也为大革命运动在东江的迅速兴起作了准备。[1]

---

① 《中国共产党东江地方史》编纂委员会：《中国共产党东江地方史》，第18页，广东人民出版社，2001年版。

三、东江地方团组织与工农运动

（一）中国社会主义青年团东江地方组织的建立

1921年7月，中国共产党第一次全国代表大会在上海召开，党的一大确定党的名称为"中国共产党"，宣告中国共产党正式成立。党的一大后，党提出必须重视青年团的建设，以便从青年团员中吸收先进分子入党。8月，中国共产党广东支部（简称"广东支部"）成立，由谭平山任书记。广东支部成员中有东江的刘尔崧、阮啸仙、张善铭等人。

1922年3月，在广东支部指导下，广东社会主义青年团成立。5月5日

位于上海法租界望志路106号（今兴业路76号）的党的一大旧址

至10日，中国社会主义青年团（1925年改名为"中国共产主义青年团"，简称"共青团"）第一次全国代表大会在广州召开。会后，参加大会的广东社会主义青年团成员彭湃、张善铭、刘尔崧、刘琴西等人，重点筹划东江地区社会主义青年团的组建工作。

同年10月间，在杨嗣震、彭湃的策划和组织下，中国社会主义青年团海丰特别支部（直属团中央领导，后归属团广东区委领导）正式成立，由彭湃任书记。这是东江地区最早建立的社会主义青年团组织。海丰团组织成立后，彭湃带领团员深入劳苦大众中，积极开展农民运动，使海丰的农民运动迅速发展。

在团广东区委第一次代表大会召开前夕，莫萃华受委派回东莞组建团组织。10月初，团广东区委直辖东莞支部成立，莫萃华任书记，同时在东莞虎门的驻军中组建直辖虎门支部。东莞团组织成立后，团员深入农村开展调查，成立农民俱乐部等，积极推动农民运动。

1923年10月14日至16日，中国社会主义青年团广东区第一次代表大会在广州召开。大会就国民革命运动、农民运动、学生运动和在全省各地建立团组织和"新学生社"等问题进行讨论并作出决议。此后，在各地团组织的领导下，东江地区的青年运动蓬勃发展。

（二）东江工人运动

五四运动中，东江地区各行各业工人也投入了反帝爱国运动。1919年5月15日，紫金县率先成立"各界救国联合会"，组织工人和青年学生举行示威游行，开展抵制日货活动。潮州、汕头、揭阳、澄海、潮阳、普宁、梅县、五华、惠阳、东莞、海丰、陆丰、龙川等地工人也相继开展爱国宣传和抵制日货活动。

五四运动以后，东江工人以崭新的姿态登上了政治舞台。1920年5月1日，汕头和潮州工人举行纪念"五一"国际劳动节活动。数千人参加这

劳动节歌

今日何日？
"五一"劳动节，
世界劳工同盟罢工纪念日。
劳动最神圣，
社会革命时机熟。
希望兄弟与姊妹，
"劳动"两字永牢记。

（1921年5月1日）

《劳动节歌》

一活动，工人们了解了"五一"国际劳动节的来历，增强了阶级意识和阶级使命感，开始懂得为维护自身利益而斗争。此后，东江各地工人组织纷纷成立，东江工人开始走向有组织的斗争。八九月间，东江工人积极参与驱逐桂系军阀的斗争，广九铁路工人举行全线罢工，不为桂系军阀运送兵员、给养，在驱逐桂系军阀的斗争中立下汗马功劳。12月，潮州锡箔工人组织起来开展要求增加工资的斗争，取得了胜利。1921年2月，潮州商店工人集体开展抵制增加印花税的斗争，工人们包围税务局，迫使县署取消了不合理的税收政令；3月，中华海员工人联合总会汕头海员工会成立，成为潮汕地区第一个产业工人组织；4月上旬，东江航运工人组织北江、西江的同行，开展要求增加工资的行业罢工，取得了胜利。这些胜利初步显示了东江工人阶级觉悟的力量。[1]

1921年8月11日，中国劳动组合书记部成立，领导全国工人运动，并

---

① 《广州共和报》，1921年4月12日。

1922年1月，香港海员罢工爆发

在全国各地设立分部。在广州设立的南方分部，是广东党组织领导工人运动的公开机关。南方分部一方面争取改造旧工会，另一方面对广大工人群众进行宣传教育，提高工人群众觉悟，为大规模的工人运动聚集力量。

在党的领导下，以1922年1月香港海员罢工为起点，1923年2月京汉铁路工人罢工为终点，掀起了中国工人运动第一个高潮。①

1922年1月12日，香港海员6000多人举行大罢工；2月初，海员工人的斗争发展为香港各行业同盟总罢工，参加人数多达10万人。在这次罢工中，汕头海员工人除通电声援外，还于1月23日举行罢工，停止运载粮食、副食品及日用生活必需品到香港。汕头海员工人多次召开大会，开展反帝宣传，谴责英帝国主义武装镇压罢工的血腥暴行，募捐钱物支持罢工。3月，潮汕铁路工会诞生，有力推动了东江工人运动发展。

---

① 《中国共产党简史》编写组：《中国共产党简史》，第17页，中共党史出版社，2021年版。

1922年5月在广州召开第一次全国劳动大会期间，东莞鞋业工人周康从传单上看到大会的消息，深受鼓舞和启发。他回到东莞后，发动工人成立全行业工人革履工团（革履工会前身）并自任团长。同年12月，东莞太平的工人为改善待遇举行有组织的罢工，东莞各地工人纷纷起来响应，一直持续到1923年初。

第一次全国劳动大会后，在南方分部的领导下，东江各地纷纷成立了工会组织。汕头10多个行业相继成立了工会组织，入会工人达5000多人。

京汉铁路大罢工爆发的消息传到东莞后，东莞革履工会在周康带领下向资本家提出加薪诉求，遭拒后举行全行业总罢工。工会先后到太平、新塘等地发动革履工人声援罢工。历时半个月的罢工，迫使资本家不得不答应工人加薪的要求。东莞工人罢工斗争的胜利，显示了东莞工人阶级联合起来的力量，表明东莞工人阶级的斗争已走向有组织、有领导的斗争。

1923年5月，广州数千名油业工人举行罢工要求加薪。惠阳、河源、东莞等地油业工人纷纷响应举行罢工。同年冬，潮汕铁路工会发动全线罢工，要求资方兑现劳资合约，并发出通电，得到社会各界和各工团的支持。在罢工斗争中，工人们团结一致坚持39天，取得最终胜利，迫使资方接受工人提出的13条要求。这一胜利对推动潮汕乃至整个东江地区的工人运动的发展产生了很大影响。

东江工人运动的历史事实说明：随着马克思主义在东江地区的传播，同时在以刘尔崧、彭湃等共产党员为代表的先进分子的宣传教育和组织发动下，东江地区工人阶级的觉悟不断提高，初步开展了一系列争取自身权利的斗争，逐步由自在阶级向自为阶级转变，从而为东江地区党组织的创建提供了必要的社会条件。

（三）东江农民运动

东江地区的农民运动发轫于海丰和陆丰两县，是全国较早的农民运动，也是广东农民运动的开端。

彭湃（1896—1929）

1921年5月，留日归来的彭湃回到海丰，积极宣传进步思想，培养进步青年。其间，彭湃认识到：欲达到变革社会之目的，只依靠少数知识分子，没有广大工农参加是不行的；只有把受压迫最深、占人口最多的农民群众组织和发动起来，社会变革才有坚实的基础。而要唤醒农民，发动农民，就必须深入农民群众中去，了解他们的诉求。于是，从1922年6月开始，彭湃便自觉地"到农村去做实际运动"，赤着双脚跋涉于乡间，在农民中进行艰苦细致的宣传、发动工作，终于赢得了农民的理解和支持。7月29日，在彭湃的书房"得趣书室"，彭湃和农民张妈安、林沛、林焕、李老四、李思贤一起宣誓，成立了有组织、有纪律的农会——"六人农会"，拉开了海陆丰农民运动的序幕。

"六人农会"成立后，张妈安、林沛等5位青年农民成为彭湃的得力助手。他们一方面在农民中进行串联活动，介绍志同道合的农民与彭湃认识、参加农会；另一方面又带领彭湃到赤山约的各个乡村中开展宣传。到1922年秋，农会会员发展到565户（每户一人参加农会），辖人口3390人，分布在赤山约周围28个乡。①10月25日，在彭湃主持下，成立了赤山约农会，农会的影响日益扩大，海丰农民运动迅速发展。到当年12月，海丰县共有12个约成立了农会，辖98个乡、2760户、16590人。1923年元旦，海丰总农会成立，彭湃任会长，这是中国首个县级农会。

海丰农会的发展引起了地主豪绅的恐惧和仇恨。他们组织起"粮业维持会"与农会对抗，并通过反动法庭拘捕进步农民。农会干部闻讯后，

---

① 《中共海丰党史大事记》，第11页，广东人民出版社，1995年版。

立即发动农民举行大规模示威，迫使法庭释放了被捕的农民，地主豪绅的"粮业维持会"也随之解散。这是海丰农会领导农民群众与地主阶级第一次面对面斗争取得的胜利，这在东江地区的历史上是前所未有的。农会的威信树立起来了，农会的影响也播扬到附近各县。农会组织很快扩展到陆丰、惠阳、紫金、普宁、惠来和五华等县。

1923年5月1日，海丰、陆丰、惠阳三县举行大规模"五一"纪念活动，万余人参加，散发大量《五一宣言》。此后，三县农民运动得到进一步发展，海丰总农会改称"惠州农民联合会"，并在三县设分会。同年7月，惠州农民联合会再扩大，改称为"广东省农会"，彭湃当选执行委员长，并起草了《广东农会章程》。此时，广东省农会有海丰、陆丰、惠阳、紫金、惠来、普宁等6个县的团体会员，共2.68万户、13.4万人。

正当东江各地农民运动蓬勃发展之际，1923年7月和8月，海陆丰连遭台风，农作物大面积失收，民众财产损失严重。农会在组织救灾的同时，通过农民代表会议提出要求减少地租。8月15日，举行减租大会，两万多人参加，陆丰也组织数千人与会。次日，海丰县县长王作新勾结土豪劣绅，调动军警包围海丰农会会所，抓捕农会干部25人，并取缔农会，通缉彭湃等人，逼迫农民交租。陆丰县政府也下令取缔农会，迫害农会干部。这次事件史称"七五农潮"。事件发生后，彭湃、李春涛等农会领导人设法营救被捕人员。11月，彭湃在汕头发起组织"惠潮梅农会筹备处"，并于12月召开了海丰、陆丰、惠阳、紫金、普宁、惠来、澄海、潮阳、潮安、五华等10个县农会代表大会，宣告惠潮梅农会筹备处成立。最终营救出全部被捕农会成员。

海陆丰农民运动虽然遭受了挫折，但是经历了近两年斗争考验的海陆丰农民，"阶级的认识益加鲜明"。海陆丰农民运动已成为中国农民反帝反封建斗争的一支重要力量。当时正在欧洲求学的周恩来，在《赤光》杂志著文指出："海丰百万农民的反抗运动……引起了地主的恐慌，农民是一支庞大的力量，中国农民是可以在不久的将来加入革命战线的。"①

中国共产党领导和组织的工农运动尤其是工人运动，显示出中国工人阶级坚定的革命性和坚强的战斗力，扩大了中国共产党在全国的政治影响，为党同其他革命力量合作、掀起全国规模的大革命准备了一定条件。②

---

① 中共惠阳地委党史办公室：《东江党史资料汇编》第5辑，第6页，1985年版。

② 《中国共产党简史》编写组：《中国共产党简史》，第19页，中共党史出版社，2021年版。

血色家书映丹心

　　1929年8月30日黎明前的上海龙华监狱,彭湃用铅笔在香烟盒纸上写下最后的嘱托:"冰妹:从此永别,望妹努力前进,兄谢你的爱!万望保重,余言不尽。"[1]这封仅25字的诀别信,是共产党人在生死关头对革命信仰的终极诠释。彼时,彭湃已历经敌人"晕厥九次、手足俱折"的酷刑折磨,却仍以最后气力向党中央传递密信:"兄弟们不要因为弟等牺牲而伤心。望保重身体为要。"[2]

　　这封家书的特殊性在于其双重指向:既是丈夫对妻子的深情告别,更是革命者对事业的火种传承。信中"余言不尽"四字,蕴含着未竟的革命理想——在狱中,他仍向狱卒宣讲推翻反动统治,建立全国苏维埃政权的信念;就义前,与战友高唱《国际歌》,将刑场化作信仰宣讲台。其子彭士禄后来回忆:"父亲烧毁田契时,就教会我们'无私'二字的分量。"这种精神基因,在彭士禄研制核潜艇的岁月里化作"愿将此身长报国"的科技报国实践。

　　彭湃的"矛盾性"源自对阶级立场的彻底颠覆。出身于海丰富商之家,他却将分家所得的70石租地契当众焚毁,高呼:"这

---

　　① 揭阳新闻网:《彭湃在揭阳的革命活动》,2023年11月9日。
　　② 广东省委党史学习教育领导小组办公室:《中国第一个苏维埃政权》,见中共广东省直属机关工作委员会:《跨越》2022年第2期,第40页。

些田不是彭家的，更不是我的，今日物归原主！"这种"革自己命"的勇气，在1927年海陆丰苏维埃政权建设中升华为制度实践——颁布《没收土地案》，将47万亩土地分给无地农民，比井冈山《土地法》早一年实现"耕者有其田"。

其妻许冰的选择同样震撼人心。收到遗书后，这位揭阳女子将襁褓中的彭小湃托付他人，重返大南山游击区，在枪林弹雨中身着男装指挥作战，直至1933年牺牲于汕头。他们的爱情超越了儿女情长，正如许冰所言："你我既是夫妻，更是同志，当以革命事业为共同生命。"

当龙华监狱的枪声划过历史长空，彭湃用生命验证了他在《海丰农民运动》中的预言："农民运动不是请客吃饭，而是阶级的生死搏斗。"今日捧读这封血色家书，当思三个叩问：在利益诱惑前能否守住"田契烈焰"的纯粹？在改革攻坚中是否具备"余言不尽"的担当？在家庭责任与事业追求间如何平衡"冰妹之爱"与"兄谢汝爱"的深层统一？

扫码观微课｜《信仰的力量》

第二章

在大革命的洪流中

📖 本章导读

第一次国共合作实现后，以广州为中心，汇集全国革命力量，很快开创了反对帝国主义和封建军阀的革命新局面。在国共合作的有利形势下，随着两次东征的胜利，各地党组织的建立和发展推动了东江工农运动的蓬勃兴起。从1924年7月起，在广州开办6届农民运动讲习所，先后由共产党人彭湃、毛泽东等主持，培养了一批农民运动骨干。学生运动和妇女运动也得到发展。

在大革命的风云激荡中，东江英雄儿女以敢为人先的无畏探索和果敢行动，书写了中国革命史上的壮丽篇章。

1923年元旦，彭湃组建了中国第一个县级农会——海丰总农会，开展农民运动，并迅速把革命的星星之火引到惠东高潭及周边地区。4月，在彭湃的指导下，惠阳第三区（高潭）农民协会成立，黄星南为会长，这是中国最早的农会之一。大革命时期的惠州，是广东开展农民运动最早和开展工农运动最好的地区之一，也是党组织发展最迅速的地区之一。海陆丰农民运动影响深远，成为广东全省乃至全国学习的榜样。彭湃被毛泽东称为"农民运动大王"。

在两次东征的烽火中，东江农民自卫军展现出了惊人的创造力与战斗精神。海丰农军首创"常备农军"制度，组织三万不脱产农民接受军事训练。这些农民平日里耕种劳作，战时则迅速集结，配合正规军作战，成为革命武装力量的坚实后盾。紫金农军运用"乡村联防"战术，巧妙智擒县长，成功建立人民政府。这种"全民皆兵"的模式，让革命力量深深扎根于群众之中。至1926年底，农会会员超过百万，形成了"县有常备军、区有赤卫队、乡有自卫队"的三级武装体系。这一体系的建立，不仅增强了革命力量的组织性和战斗力，更让广大群众在革命中有了切实的参与感和归属感，为革命事业的蓬勃发展奠定了坚实基础。

1925年11月，周恩来出任广东东江各属行政委员，主持惠、潮、梅各属25县2市的行政工作。据《周恩来年谱（1898—1949）》记载，"这是第一次由中国共产党人担任地区行政的主要领导职务"①。周恩来主政东江，让革命的种子在东江人民心中生根发芽，加快了东江地方党组织的建立和发展，为党的政权建设积累了宝贵经验。1927年春，东江地区的党员人数已达4000多人，占广东全省党员人数的一半，是大革命时期全国党员人数最多的地区之一。

习近平总书记指出："第一个吃螃蟹的人也是有贡献的。"在东江革命的征程中，无数革命先辈勇做"第一个吃螃蟹的人"。传承红色基因，就是要继续发扬这种敢为人先的精神。在全面建设社会主义现代化国家的新征程中，我们应以"闯"的精神、"创"的劲头、"干"的作风，续写"敢为人先"的新篇章，让东江红魂在新时代绽放出更加耀眼的光芒。

---

① 中共中央文献研究室：《周恩来年谱（1898—1949）》，人民出版社，1989年版。

一、第一次国共合作与两次东征

中国共产党人从京汉铁路工人大罢工失败的事实中看到，这时的革命力量远不如帝国主义和封建势力强大。党认识到结成最广泛的统一战线的重要性，决定采取积极步骤，联合孙中山领导的中国国民党。

此时的孙中山因依靠军阀打军阀屡遭挫折，陷于苦闷。他看到中国共产党领导工人运动所产生的影响，认识到中国共产党是一支新兴的、生机勃勃的革命力量，愿意与中国共产党合作。1923年1月，共产国际执委会作出《关于中国共产党与国民党的关系问题的决议》，对国共合作起了推动作用。

1923年6月，中国共产党第三次全国代表大会在广州举行。党的三大正确估计了孙中山的革命立场和国民党进行改组的可能性，决定共产党员以个人身份加入国民党，以实现国共合作。明确规定共产党员加入国民党时，党必须在政治上、思想上、组织上保持自己的独立性。

党的三大后，国共合作步伐大大加快。共产党的各级组织动员党员和革命青年加入国民党，在全国范围内积极推进国民革命运动。1923年10月初，应孙中山邀请，苏联代表鲍罗廷到达广州。孙中山聘请他担任国民党组织教练员，后来聘为政治顾问。国民党改组很快进入实行阶段。

1924年1月，中国国民党第一次全国代表大会在广州举行。出席开幕式的165位代表中，有共产党员20多人。李大钊被孙中山指定为大会主席团成员。

国民党一大确认了共产党员以个人身份加入国民党的原则，事实上确立了联俄、联共、扶助农工的三大革命政策，这次大会实现了第一次国共合作，标志着民主联合战线的建立，这是中国共产党在新民主主义革命时期建立的第一个统一战线。

为了进一步发展国民革命运动、为北伐奠定基础，国共两党达成了统一全广东、建立和巩固国民革命基地的共识，并为此进行了东征和南征。

1923年6月，中共三大预备会议在春园召开。图为机关旧址

1924年1月，中国国民党第一次全国代表大会

（一）第一次东征

1925年1月15日，广东革命政府决定组织东征联军。1月30日，东征联军总司令部召开会议，决定将所辖各路武装组成的东征联军分三路进行东征：右路由黄埔军校学生和许崇智之粤军，进攻惠阳淡水、海陆丰及潮汕；中路是刘震寰之桂军，围攻惠州；左路为杨希闵之滇军，进攻博罗、河源、龙川、五华、兴宁一线。

1925年2月1日，东征军右路军开始出征。部队沿广九铁路前进，先后占领增城石滩，东莞石龙、虎门和莞城。至2月10日，基本肃清了广九铁路沿线敌人，并占领宝安平湖、深圳等地。2月13日，在惠阳新圩击溃了敌第五军熊略部的阻击，于翌日进抵惠阳重镇淡水城下。经过激烈的战斗，黄埔军校教导团的官兵于2月15日占领淡水，打开了东征军右路军进入东江夺取胜利的大门。

此后，东征军势如破竹，占领普宁、揭阳、潮安、潮阳、海丰、陆丰、汕头等多地。面对东征军的节节胜利，陈炯明部下林虎、刘志陆率领盘踞于兴宁、五华、梅县、紫金、河源一带的军队，集结在河婆、棉湖、鲤湖一带，企图袭击东征军。3月13日，棉湖之战在崩山、大功山周围的农村打响。教导一团第一营、第三营英勇奋战，反复冲锋，白刃相搏，双方死伤惨重。敌军见正面难以取胜，遂以强大兵力袭击第一营左翼，教导一团即令第三营迅速占领右前方高地，以压制敌人。后粤军第七旅赶到支援，和第三营向敌人发起猛烈冲锋。敌军狼狈逃遁，东征军取得棉湖之战的胜利。淡水之战和棉湖之战的胜利基本奠定了第一次东征胜利的基础。3月底，完全收复潮梅各地。获悉东征军占领潮梅地区后，盘踞惠州城的敌杨坤如部军心浮动，骆凤翔宣告起义，杨坤如见大势已去，弃城逃走。至此，第一次东征取得重大胜利。

———— 1925年2月15日，东征联军右路军经过激烈战斗攻克城防坚固的淡水城，取得东征的首次大捷，奠定了第一次东征的胜利格局。图为淡水城

在广东革命政府全力进行东征的时候，东征军的左路军滇军杨希闵部和中路军桂军刘震寰部早已心怀不轨，趁孙中山病逝和右路军讨伐陈炯明之际，加紧与北洋军阀政府和香港英帝国主义分子勾结。6月初，杨、刘所部在广州发动武装叛乱，广东革命政府不得不命令东征军回师广州平乱。陈炯明余部借机再次纠集各路叛军约4万人，重新占领潮、梅、惠等地，并企图进攻广州。

7月1日，广东革命政权改组，成立中华民国国民政府（简称"广州国民政府"）。8月，广州国民政府将所辖各军统一改编为国民革命军。为了彻底消灭陈炯明的反动势力，广州国民政府决定再次东征。

（二）第二次东征

1925年10月1日，第二次东征开始。国民革命军三万多人编为三个纵队，兵分三路进发。蒋介石出任总指挥，周恩来担任总政治部主任。周恩来在总结第一次东征政治工作经验的基础上，组建了一支200多人的政治宣传队，随部队沿途开展政治宣传，积极争取东江人民的支持，同时大力推进扶助农工运动。广东区委和省港罢工委员会组织大批罢工工人组成运输队等随军行动，东江各地党团组织也积极发动群众，助力东征。

10月10日，东征军齐集惠州周边，第一纵队迅速攻占惠州城外的制高点飞鹅岭阵地。11日肃清外围守敌。第二师第四团负责攻城，因步炮协同不佳，连续强攻两日未克。蒋介石欲撤军，但周恩来坚决反对，他指出撤军会动摇军心，且惠州城并非不可攻克，关键在于改变战术。周恩来提议：将四面围攻改为三面进攻，留出一面，诱使敌人出逃后再聚而歼之。这一建议被采纳后，周恩来又指派蒋先云等组织党团员作为敢死队骨干，带头登城作战。此时陈赓担任第四团连长，该团所有连长均为共产党员，战斗力极强。战斗打响后，陈赓率连队奋勇爬梯登城，右脚不幸被子弹击中，他拔出弹头后，不顾伤痛继续冲锋陷阵。经过浴血奋战，至第二天傍晚，城内敌人主力被歼灭；从留出通道逃出城的敌人，也被预先设伏的革命军尽数消灭。自10月13日上午9时半发起总攻，历经无数次"步炮协攻"，至14日，以共产党员和共青团员为骨干组成的攻城"先锋队"，付出死伤官兵400余人的代价，攻克惠州城。惠州大捷成为第二次东征胜利的关键战役。在这场激战中，黄埔军校教官、第四团团长刘尧宸壮烈牺牲。

为彻底肃清盘踞在东江地区的陈炯明叛军，东征军兵分三路东进。中路第一纵队，10月17日出惠州，20日占领赤石，22日占领梅陇，当日下午攻占海丰，23日攻占公平，26日进占陆丰、河婆，11月4日，周恩来率部进驻汕头。

右路第二纵队，10月17日出惠州，先后占领平山、多祝、紫金、华阳、梅林、汤坑等地。左路第三纵队10月22日攻占河源之后，先后攻克老隆、五华、兴宁、梅县、大埔。至此，梅县一带陈炯明叛军基本被肃清。陈炯明败走香港，残部逃往闽、赣等地。经过一个多月的浴血奋战，第二次东征取得了完全胜利。

1925年11月21日，周恩来任广东东江各属行政委员，负责惠州、潮安、梅县及海陆丰下属25个县行政工作。他在东江实行民主政治，革新吏

————惠州大捷成为第二次东征胜利的关键性战役。图为"先锋队"攻破的坚固城墙

1925年10月14日，东征军攻克惠州城

东征军官兵在惠州第一公园（今惠州中山公园）悼念阵亡烈士

治，废除苛捐杂税，禁绝烟赌，清除匪患，这是中国共产党人领导地方行政的初步尝试，为政权建设积累了重要经验。

两次东征的胜利，是第一次国共合作进行国民革命运动取得的重大成果，对促进广东革命根据地的统一和巩固、工农运动的广泛开展和工农武装力量的发展壮大及东江地方党组织的建立和发展都具有重要的历史意义。

中国共产党早期政权建设的探索与实践

　　1925年11月至1926年3月，周恩来以广东东江各属行政委员的身份主政惠、潮、梅、海陆丰等25县，这是中国共产党人首次实际主导地方政权的实践，亦是新民主主义革命时期党探索政权建设的重要里程碑。这段历史不仅为东江地区播撒了革命火种，更为党的群众路线与治理能力提供了宝贵经验。

　　东江地区历经军阀盘踞，吏治腐败、苛捐杂税横行。周恩来甫一上任，便以雷霆手段整顿吏治。他果断查处原潮梅军副长官杨占鳌卖官鬻爵案，将其处决以儆效尤；扣押贪污受贿的饶平、澄海、普宁等6县县长，并通缉逃亡的汕头市政厅代理厅长陈简民。同时，他启用左派人士陈卓凡、刘侯武等担任县长，确保地方政权掌握在革命力量手中。这一系列举措有力冲击旧官僚体系积弊，树立了革命政权的威信。

　　针对军阀统治时期繁重的税赋，周恩来主政期间明令废除"七兑券"等地方性货币乱象，取消土糖捐、货物转口税等38种地方苛捐杂税，严令禁止军队向民间摊派军饷。他还推动禁绝烟赌，查封烟馆赌馆，打击走私贩毒，并拨款支持农会购置武器、发展生产。这些政策减轻了民众负担，使东江社会秩序焕然一新。

　　周恩来在汕头主持的东江各属行政会议，会议聚集100多名代表，涵盖工、农、商、学、妇各界，通过《保护工农运动决议案》《取消民团局决议案》等议案。周恩来在会上强调："革命政府必须与民众结合，扫除国际帝国主义与国内武人政治两大障碍"，彰显了党依靠群众、服务群众的执政理念。这种"人民团体代表与行政官员共议政事"的模式，被一些研究者视为早期人民代表大会制度的萌芽。这一实践被毛泽东在《政治周报》中评价为"开政府与人民合作之先声"。

主政期间，周恩来将东征缴获的枪支中拨出400多支（分2次）给海丰农会，武装海丰农民自卫军；[1]支持杨石魂、彭湃分别领导汕头市总工会和潮梅海陆丰农协，使工会会员增至3万人，农会覆盖60万农民。面对1926年普宁农民与地主方耀家族的冲突，他调派武装制止暴力，通过《岭东民国日报》声援农民，最终迫使地主赔偿损失。这些实践为党领导工农运动积累了经验，也为后续土地革命奠定了基础。

周恩来主政东江虽仅4个月，但其"吏治清明、民生为本、民主共治、工农联盟"的施政理念，深刻体现了中国共产党早期政权建设的探索精神。这段历史体现了"党的根基在人民、血脉在人民、力量在人民"的真理，对新时代干部锤炼党性、践行群众路线具有重要启示。

扫码观微课 │《坚守初心济沧海　革命理想高于天》

---

① 海丰县革命老区发展史编委会：《海丰县革命老区发展史》，第66页，广东人民出版社，2020年版。

二、东江各地党组织的建立和发展

两次东征期间，东江各地的共产党组织和青年团组织，在周恩来的指导和东征军中的共产党员、共青团员的努力下，如雨后春笋般建立和发展起来。

（一）海陆丰党组织的建立和发展

1925年3月初，根据广东区委的指示，彭湃随周恩来和东征军回到海丰。他们共同研究在海丰县建立党组织，并于3月中旬在海城桥东平民织布厂成立了中共海丰支部，由彭湃任书记（后由郑志云接任）。4月1日，中共海丰支部改为"中共海陆丰特别支部"，由彭湃任书记，党员10多人。中共海陆丰特别支部成立后，派人到有农会组织的区域发展党员，建立基层党组织。

10月，海丰被东征军第二次攻克后，海丰的党组织恢复了活动，并且有了很大的发展。东征军的联络副官、共产党员何子宗随军抵达海丰后，率部队进驻高潭区，成立了中共高潭特别支部，由黄星南任书记，党员有7人。

10月29日，撤销中共海陆丰特别支部，成立中共海陆丰地方委员会（简称"海陆丰地委"），由彭湃任书记（后由张善铭接任）。海陆丰地委统辖海陆丰各区部委和高潭特别支部。11月，共青团海丰特别支部召开团员代表大会，正式成立共青团海丰地方委员会，下属9个团支部，有团员70人。1926年1月，中共陆丰特别支部成立。海陆丰党组织积极发展党员，到1927年3月，有党员4000人，仅海丰一个县就有340多个党支部，海陆丰地区是大革命时期全国党员人数较多的地区之一。

（二）汕头党组织的建立和发展

1925年3月第一次东征期间，周恩来指示在汕头工农群众中发展党团员、扩大革命力量，并委任特派员筹建党团组织。广东区委也加快部署，3月12日，杨石魂等三人转为中共党员，并负责汕头地区党团组织筹建工作。中旬，汕头特别支部和团汕头特别支部成立，潮汕人民革命斗争进入新的历史时期。

在杨石魂等人努力下，团组织发展迅速。7月，团员达32名，多地建立支部。8月，团汕头地委正式成立。第二次东征胜利后，汕头特别支部加强党团组织建设。11月10日，团汕头地委召开团员大会，杨石魂出席并传达团中央指示精神，会议选举产生新的领导机构。12月，特别支部在汕头市铁路海员、建筑、轮渡等行业和市属机关中建立了党支部，在潮汕各县也先后建立了党支部。同时，周恩来电催广东区委增调干部，加强潮梅地区党的工作。12月5日，中共潮梅特委正式成立，统一领导潮梅地区及汕头市党的工作。

12月24日，国民党潮梅特委成立，事实上形成以共产党为领导核心、国共两党统一领导潮梅地区工农运动。

潮梅特委成立后，加快健全各县党组织，1926年1月，普宁、澄海等县党支部正式成立，积极发展党员、扩大党组织，青年团组织也迅速发展。广东区委还从海陆丰调派大批骨干到潮汕工作，大大增强了潮汕党组织的力量。

1926年3月初，潮梅特委改为汕头地委。

杨石魂（1902—1929）

（三）东莞、宝安、增城等地党组织的建立和发展

东莞、宝安、增城等县党组织的建立和发展，是在广东区委的直接领导下进行的。1924年12月，中共东莞支部成立，由莫萃华任书记，党、团组织一起活动。1925年11月，中共东莞支部改为中共东莞特别支部，由莫萃华任书记，共有党员21人。1926年4月中旬，共青团东莞地委成立后，为了加强领导，党、团组织正式分开。五六月间，中共东莞特别支部改为中共东莞地方执行委员会，由李立本任书记，下辖5个支部，有党员39人。

1924年下半年，广东区委派出黄学增等农民运动讲习所学员到宝安县开展农民运动并筹备党组织的组建工作，次年7月成立了中共宝安县支部。1926年三四月间，改为宝安县特别支部。不久成立中共宝安县委员会，建立了5个区委。1926年初，中共增城县新塘支部成立。

（四）惠州党组织的建立和发展

1924年冬，惠阳籍的共产党员叶文匡回到家乡惠阳县秋溪乡筹备组建党组织。叶文匡早在日本留学时就结识彭湃，回国后加入中国共产党，并跟随彭湃在海丰发动农民运动。1925年4月，惠阳第一个党支部——中共秋溪支部成立后，他出任书记。随后，叶文匡以象山高级小学为基地，继续发展党员。1926年春，组成中共惠阳象山特别支部，由叶文匡任书记，下辖2个党支部，有党员30多人。在第二次东征中，广东区委派阮啸仙、陈国钧到惠州视察工作，在其指导下，中共惠州特别支部于11月初成立，由朱祺任书记，共有党员、团员31人。[①]

1925年10月，共产党员黄觉群随着东征军回到龙川后，通过举办青

---

① 《中国共产党东江地方史》编纂委员会：《中国共产党东江地方史》，第40页，广东人民出版社，2001年版。

位于广东惠州惠阳挺秀书院的中共秋溪支部旧址

年训练班，不断吸收进步青年入党。1925年11月，中共龙川县特别支部成立，由黄觉群任书记（后由杨复生接任），接着又建立共青团龙川支部。

1925年12月初，东征军进入紫金后，中共海陆丰地委决定将此前建立的紫金党小组改为中共紫金县特别支部，由钟灵任书记。1926年夏天，在中共紫金特别支部的帮助下，组建了中共河源曲龙支部，由赖民任书记。

1926年1月，共青团惠州地委成立后，惠州的党、团组织分开。3月，根据指示，撤销中共惠州特别支部，成立中共惠州地委，由肖鹏魂任书记（后由李国英、蓝璇均接任），下辖惠州地委机关支部、惠州支部、惠阳象山特别支部、紫金特别支部、龙川特别支部。当年秋，中共惠州地委派共产党员韩耀汪回博罗县开展革命运动，在工农运动开展的基础上，中共博罗县城支部于1927年3月成立，由韩耀汪任书记，有党员8人。

（五）梅州党组织的建立和发展

1925年5月，中共大埔支部成立，赖释然任书记，1926年3月，改为中共大埔特别支部，辖高陂中学、小学两个支部。

1925年7月，中共五华支部成立，由宋青任书记。至11月，中共五华支部改为中共五华特别支部，由宋青任书记，全县有党员20多人。当第二次东征的军队抵达五华后，指定中共五华特别支部军事干事古大存负责整顿五华县国民党党部。

1926年3月，广东区委派共产党员张维赴梅县开展工作，随后成立中共梅县支部，由张维任书记，至6月，改为中共梅县特别支部，全县的党员、团员发展到80多人，党、团分开活动，另成立共青团梅县支部。同时期，兴宁、平远等县先后成立党支部。

在党组织的坚强领导下，东江各地工会、农会、青年团、妇女协会等群众组织有了明确的奋斗目标，不断发展壮大。如1925年5月成立的广东妇女解放协会根据广东区委的指示，制定了纲领、章程和宣言，在革命运动中争取妇女解放。邓颖超、蔡畅、高恬波等人到广东各地开展活动，推动和帮助各县成立妇女解放协会分会，开展妇女工作，壮大队伍，培养干部，发挥妇女组织的作用。6月成立海丰县妇女解放协会，至翌年4月，会员发展到1800多人。这些群众组织推动革命运动在东江地区深入发展，国民革命运动迅速在东江地区掀起高潮。

高恬波：南粤红梅耀赤心

1898年，高恬波出生于广东惠阳县淡水镇一个医生家庭，自幼聪颖果敢，接受过新式教育，却难逃封建枷锁。17岁时，她被父母包办婚姻，嫁给纨绔子弟，饱受欺凌。在五四运动浪潮中，她毅然逃出夫家，考入广州市妇孺产科学校，自此踏上新途。1919年，她投身中上学联，组织游行声援北京学生，即便被捕入狱亦未退缩。这场运动不仅锤炼了她的革命意志，更令她与广东学运领袖阮啸仙相识，二人志同道合，结为革命伴侣。

1924年春，高恬波加入中国共产党，成为广东省第一位女党员，实现了从自发抗争到自觉革命的蜕变。彼时正值国共合作，她以个人身份加入国民党，担任中央妇女部干事，成为部长何香凝的得力助手。在何香凝的支持下，高恬波出面筹办了一家贫民医院。人们受益于这所专门接诊穷人的医院，把高恬波称为"活观音"。[1]

1924年7月，高恬波参加彭湃主持的广州第一届农民运动讲习所，成为38名学员中仅有的两名女性之一。她与男学员同训同战，习得军事技能与农运理论。结业后，她奔走粤北、东江、潮梅等地，以客家话、潮州话与农民促膝长谈，号召"团结抗租"。在花县九湖村农民协会成立大会上，她起草宣言，推动

---

[1] 广东省档案馆：《高恬波——广东省第一个女共产党员》，见中共广东省直属机关工作委员会：《跨越》2020年第3期，第20页。

"取消大斗租"等决议。

1926年北伐战争爆发，高恬波任妇女救护队队长，率队转战湘鄂赣。汀泗桥战役中，她冒枪林弹雨抢救伤员，中弹后仍坚持将战友背下火线，被官兵赞为"女将军"。她还深入战地宣传，动员民众支前。何香凝在《回忆高恬波同志》中写道："她以医术救人，以真理育人，是革命队伍中罕见的全能战士。"

1927年大革命失败后，高恬波转入地下斗争。广州起义期间，她组织妇女救护队；起义失败后，她被派往江西省委，身兼妇女工作、交通联络、财务庶务数职，足迹遍及南昌、赣州。1929年12月，因叛徒出卖，她在南昌被捕。军阀张辉瓒威逼利诱，施以酷刑，她却凛然道："既入尔手，唯求一死！"牺牲时年仅31岁。

1930年1月，党中央机关刊物《红旗》第69期刊发《悼我们的女战士高恬波同志》，赞其"以生命诠释对信仰的忠诚"。新中国成立后，何香凝撰文追忆："高恬波夫妇为工农妇女运动呕心沥血，其精神可昭日月！"

高恬波以短暂生命历程谱写壮丽的革命史诗，其精神如东江之水奔涌不息。在新时代新征程中，她的故事将继续激励党员干部坚守初心，以"越是艰险越向前"的斗志，续写南粤大地的红色华章。

三、东江地区工农运动的蓬勃发展

在国共合作的有利形势下，随着两次东征的胜利，各地党组织的建立和发展推动了东江工农运动的蓬勃兴起。在各级党组织的指引下，东江各地工会、农会等群众组织也不断发展壮大。

（一）东江地区工人运动

1. 海陆丰的工人运动

国共合作后，经共产党提议，国民党中央执行委员会成立了工人部和农民部。国民党左派领袖廖仲恺任工人部部长，共产党员冯菊坡、刘尔崧分别担任秘书和干事。1925年1月11日至22日，中国共产党在上海召开了第四次全国代表大会，制定了开展工农革命运动的计划。在党的四大精神的鼓舞下，东江工人运动进入新的发展阶段。

东征之前，根据周恩来指示，海丰籍学员李劳工、林务农召集在广州的海陆丰籍人力车工人60多人，组成东征军先遣队，为东征军充当向导，并宣传发动群众。东征军进入东江地区后，沿途各地受到早期工农运动影响的群众或直接参战，或担任运输、向导。陈炯明残部由惠州、老隆退至海陆丰时，当地的工农组织武装起来进行截击，缴获大批枪支弹药，有力地配合了东征军的行动。

3月22日，海丰各行业工人召开工人代表大会，成立海丰县总工会筹备委员会（简称"筹委会"），设秘书处、宣传部、组织部。筹委会成立后，各成员分头到各地进行宣传发动，组织工会。4月中下旬至5月中旬，汕尾理发工会、马宫渔业工会、海丰第一区的纺织工会、理发工会、制药工会、木匠工会等相继成立。5月1日，海丰县城及汕尾、捷胜、赤石等地

举行纪念"五一"国际劳动节集会，县城各行业工会会员4000多人及各地农会、会员、学生、各界人士共20000多人参加。同一天，陆丰县城也举行纪念大会。海陆丰工人积极支援省港大罢工的斗争，陆丰县成立了援助省港罢工委员会和对英经济绝交委员会，组织领导群众开展活动，在全县掀起了"一户一毫"的捐献运动。海丰县举行援助香港罢工周，成立海丰各界援助省港罢工委员会，发出声援通电，并发动群众捐款。在海陆丰党组织的领导下，海陆丰的工农大众积极支持省港大罢工，省港大罢工又同时推动了海陆丰工人运动的迅速发展。1926年5月1日，海丰县总工会成立，全县成立基层工会34个，会员2万余人。6月，陆丰县总工会成立，下辖各区分会和各行业分会，会员数千人，并组建了工人赤卫队。海陆丰各地工会成立后，开办工人学校、工人俱乐部，解决工人生活福利，在工人与工会之间建立起密切的联系。

2. 惠州所属各县的工人运动

惠州所属各县真正的工会组织是在东征后出现的。1925年10月26日，惠州理发工会正式成立，有会员122人，这是惠州工人组建的第一个工会。11月，共产党员陈国钧、阮啸仙分别以中华全国总工会和广东省农民部代表的身份，到惠州指导工农组织的建设工作。11月16日，各行业工会纷纷成立。惠阳县淡水镇相继成立了茶居、酒楼、制饼、烟草、车衣、菜行、肉行等工会。11月25日，成立东江船业工会，有会员1670人。12月中旬，成立紫金县总工会，下属各区也成立了工联会，和平县也先后成立了陆运、理发、店员等工会。陆运工会发动了1000多名工人举行罢工和示威游行，要求加薪。罢工胜利鼓舞了其他行业工人，促进了和平县工人运动的发展。

1926年1月1日，中华全国总工会在惠州设立办事处，由肖鹏魂任主任，领导惠州直属工会及惠属8县（惠阳、博罗、紫金、河源、龙川、和平、连平、新丰）总工会。

办事处成立后，肖鹏魂多次前往博罗指导工人运动，当地土木建筑、理发等行业工人先后成立工会，发展会员近300人，组建博罗县总工会。

省港大罢工爆发后，惠属各县工会组织与农会在党组织领导下紧密配合，开展工人运动。1926年3月12日，中华全国总工会惠州办事处组织万余群众集会，成立惠州各界人民援助省港罢工委员会，开展募捐。同时，惠州各地工人封锁东江港口，对港英当局实施经济制裁。

7月16日，中华全国总工会惠州办事处撤销，惠州各属工人运动的一切事务改由惠州工人代表大会执委会指导。在不到一年的时间里，各地工会组织迅速发展，会员人数激增至5万人。

3. 东莞工人运动

早在1923年初，东莞工人就建立起自己的工会组织，并为争取加薪及改善待遇而开展罢工斗争。第一次东征后，莞城、石龙、太平等城镇工人积极响应，纷纷组建行业工会，随后这些地区又成立工会联合会，领导工人斗争。其中，东莞革履工人在工会联合会支持下罢工，提出改善生活、加薪、保障权益、不得无故辞退等诉求并获胜。省港大罢工期间，太平工人在工会联合会组织下热情接待途经的罢工工人，还成立工人纠察队，配合封锁港口，并派出船只截缉接济香港的物资和从香港私运入口的货物。

1926年2月14日，中共东莞县特别支部在莞城召开大会，动员群众支援省港大罢工，以"东莞各界援助罢工周大会"的名义致电省港罢工委员会，并开展援助罢工周活动。2月16日，在石龙召开万余群众大会，广东区委农委书记阮啸仙等人出席，大会通过《拥护省港罢工的决议》。太平也召开近万人大会，开展筹款，还派代表携带慰问金慰问省港大罢工工人。

1926年春夏，东莞县总工会正式成立，陈兆魁兼任委员长。总工会通过开办工人夜校，培养大量工人骨干，还组建东莞县公益委员会，成员包括工会、农会及其他群众团体，李立本任主席。到1926年底，全县已拥有93个基层工会、3个工会联合会，会员达15117人。

（二）东江地区农民运动

1924年7月3日广州农讲所成立后，东江地区各县、市先后有73名农民运动骨干参加广州农讲所培训，对促进东江地区农民运动的发展发挥了重要作用。

广州农民运动讲习所六届基本情况一览表

届　　数	时　　间	主任／所长	招生人数	毕业人数	招生范围	办学地址
第1届	1924年7月至8月	彭　湃	38	33	广东	广东省广州市越秀南路53号惠州会馆（今越秀南路89号）
第2届	1924年10月至12月	罗绮园	225	142	广东	
第3届	1925年1月至4月	阮啸仙	128	114	广东、广西、四川	广东省广州市东皋大道1号（今东皋大道礼兴街6号）
第4届	1925年5月至9月	谭植棠	98	51	广东、湖南、广西	
第5届	1925年10月至1926年2月	彭　湃	114	114	广东、湖南、江西、广西、湖北、山东、安徽、福建等8个省	
第6届	1926年5月至9月	毛泽东	327	318	全国20个省区	广东省广州市惠爱路番禺学官（今中山四路42号）

1. 彭湃与《海丰农民运动》

彭湃，出身于广东省海丰县一个大地主家庭，为了劳动人民的解放事业，毅然背叛了自己的阶级，投身于工农大众的解放事业。他当众焚烧自家地契，坚定地站在工农大众立场上。1922年起，彭湃开始在海丰组织农民运动，并于1923年1月1日成立了海丰县总农会，会员人数达到10万人。此后，他领导的海丰农民运动迅速扩展至海陆丰乃至广东全省，与反动军阀和封建地主阶级进行了顽强的斗争，被毛泽东誉为"农民运动大王"。

彭湃不仅是一位实践家，还是一位善于总结经验的思考者。他在1923年开始创作《海丰农民运动报告》（后定名为《海丰农民运动》），尽管在七五农潮时初稿被毁，但在陈延年和周恩来的鼓励下，他重新撰写并于

1925年完成。1926年1月起，该报告在《中国农民》刊物上分期刊载。

在《海丰农民运动报告》中，彭湃运用马克思主义关于阶级和阶级斗争的原理，深入剖析了海丰社会的阶级状况。他指出，地主阶级及其政治代理人军阀、官僚、豪绅构成了压迫阶级，他们通过高额地租和高压手段剥削压迫农民。而占人口80%的农民属于被压迫阶级，其中自耕农兼小地主及自耕农原本可以自给自足，但在帝国主义和封建势力的双重压迫下，许多人破产沦为佃农。此外，农民在文化教育上也处于极端低下的地位，承担了大量教育经费却无权享受教育，80%的农民甚至不会写自己的名字。地主阶级还通过向农民灌输奴隶思想，以巩固其反动统治。

彭湃在《海丰农民运动报告》中系统总结了1922年6月至1924年初海丰农民运动的发展历程，提炼出4点宝贵的经验教训：一是必须自始至终对农民进行思想教育，提高农民政治觉悟；二是必须尽快引导农民组织农会、加强农会组织建设；三是必须领导农民开展反对封建势力的经济斗争和政治斗争；四是必须讲究斗争策略。

《海丰农民运动报告》的发表，是中国现代农民运动史上的一件大事，具有深远的理论和现实意义。理论上，它以海丰农村及农民的现实状况为依据，阐明了农民问题是中国革命的中心问题，提升了党对农民问题的认识，推动了党进一步加强对农民运动的领导。实践上，它是党最先总结农民运动的一本专著，堪称指导农运的教科书。广州农民运动讲习所将其作为重要教材，培养了大批农运骨干。瞿秋白更是将其与毛泽东的《湖南农民运动考察报告》并列推荐。此外，《海丰农民运动报告》详细记录了海丰农民运动的全过程及彭湃1922年至1924年的革命活动和思想发展轨迹，成为研究海陆丰农民运动和彭湃革命活动的重要文献。

自1926年刊出后，《海丰农民运动报告》多次重印。同年9月被编入《农民运动丛刊》，10月广东省农民协会将其更名为《海丰农民运动》并出版，周恩来亲自题写书名。1927年1月，国民党湖南省党部的农民部翻印该书。3月，毛泽东在武汉主持的中央农民运动讲习所又翻印了该书作为教材。新中国成立后，该书被收录《第一次国内革命战争时期的农民运动》，1959年作家出版社再次重印单行本，国外也有英文和意大利文等译本发行，可见其影响之深远。

2. 海陆丰农民运动

以海陆丰为中心的东江农民运动，自1923年七五农潮后，转入秘密活动。到1925年2月，东征军击溃了陈炯明的反动势力，海陆丰农民运动迅速恢复。3月中旬，海丰县农民代表大会召开，大会将海丰总农会改为海丰县农民协会，由彭湃担任会长。大会通过决议，恢复各级农会、实行"二五"减租、建立和训练农民自卫军、举办农讲所、委任各区农会特派员、清算和惩罚反动地主等。为加强武装力量，海丰县农会以李劳工等率领的东征军先遣队为基础，扩充成立了海丰县农民自卫军总队。在周恩来的积极支持下，黄埔军校派出吴振民、于鲲、卢德铭、聂奇、陈如愚等担任教官，对农军进行军事训练。为促进海陆丰农民运动迅速发展，4月22日，海丰县农会开办了农讲所，由彭湃任所长。首期招收男女学员40余人，培训至7月结业。一半学员留在海陆丰工作，另一半学员被分配到紫金、五华、普宁、惠来、潮阳、揭阳、潮安、饶平等县，成为农民运动的骨干力量。

1925年4月12日，陆丰县农民协会成立。因陆丰县县长徐建行支持地主豪绅干涉农会事务，陆丰工农运动的恢复和发展受阻。5月初，彭湃和吴

卢德铭（1905—1927）

振民率领海丰农民自卫军和海丰农讲所学员100余人全副武装开赴陆丰。6日，彭湃主持召开陆丰农会代表大会，大会通过决议，驱逐县长，深入开展农民运动。

5月上旬，中共海陆丰特别支部派遣李劳工到陆丰负责组建农军，成立陆丰县农军总队。陆丰农民协会根据指示，于5月间举办农民运动讲习所，为基层农会培训一批干部。6月2日，广东革命政府任命共产党员刘琴西为陆

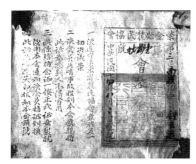

紫金县农民协会会员证

丰县县长。从此，陆丰县农民运动蓬勃开展起来。

7月5日，海丰县第一次农民代表大会在海城召开，大会通过了5项决议案：工农联合、封锁香港、武装全县农民、巩固各级农会组织、肃清反革命。至此，海丰全县成立的乡农会有477个，会员达17.57万人。[①]同月，陆丰也召开第一次农民代表大会。

1925年6月初，广州发生滇、桂军阀叛乱事件，东征军奉命回师平叛，陈炯明残部借机卷土重来，李劳工等率领农民自卫军在陆丰湖东迎击敌人。在回海丰途中，李劳工不幸被反动民团捕获，面对反动民团的威迫利诱，宁死不屈，最终于9月24日壮烈牺牲。农民自卫军转移后，海陆丰农民运动受到叛军的摧残。

第二次东征期间，吴振民率领海陆丰农民自卫军积极配合东征军，收复海陆丰。

刘琴西（1896—1933）

① 叶左能、蔡福谋：《海陆丰农民运动》，第137页，中共中央党校出版社，1993年版。

在海陆丰地委领导下，海陆丰农民运动得到快速发展。到1926年5月，广东省第二次农民代表大会召开时，海陆丰农会会员人数占全省农会会员总数的41%。[①]此后，农会组织继续发展壮大，会员人数不断增加。

为了维护和发展壮大农民运动，海陆丰地委组建了常备农民自卫军，统一服饰、配备枪械，统一开展政治教育和军事训练，与正规军无异，由吴振民、卢德铭任教官。广东国民革命政府也以正式驻防军的编制，命令海丰常备农民自卫军驻防海丰，并按月拨放军饷。由共产党领导的农军成为国民政府的驻防军，这在国民革命运动中尚属先例。同时，还举办了农军干部训练班，分批输送农军干部到各区，帮助农会组织和训练农军。建立了一支不脱产农军，有三万之众。

随着农民运动的深入发展，农会的威信日益提高。凡是县公署的决议事项，必须经县农会代表参与才能生效。省政府委派到海陆丰的县官，也要受到农会的监督，"一切权力归农会"的口号，在海陆丰成为活生生的现实。

海陆丰农民运动的影响远远超出了地域范围，成为广东全省乃至全国学习的榜样。1926年10月底，共青团广东区委机关刊物《少年先锋》记者杨白对海陆丰农民运动给予了高度评价，把海丰称为"小莫斯科"。毛泽东对海陆丰农民运动的经验极为重视，1926年9月，他在主持广州农讲所工作时，委派教务主任陆沉、总队长赵自选率领学员到海陆丰实习，学习海陆丰农民运动的经验。在《国民

《少年先锋》封面

---

① 叶左能、谢乾生：《海陆丰农民运动概况》，见中共惠阳地委党史办公室：《东江党史资料汇编》第5辑，第12页，1985年10月。

革命与农民运动》一文中，毛泽东以海陆丰农民运动的经验为例，对农民运动在国民革命中的地位和作用给予了高度评价，他指出："全中国都必须办到海丰这个样子，才可以算得革命的胜利，不然任便怎样都算不得。全中国各地必须都办到海丰这个样子，才可以算得帝国主义军阀的基础确实起了动摇，不然也算不得。"[1]后来，毛泽东在《湖南农民运动考察报告》中再次指出："县政治必须农民起来才能澄清，广东的海丰已经有了证明。"[2]

3. 惠州地区农民运动的发展

海陆丰农民运动的恢复发展，有力带动了东江地区，尤其是惠阳、紫金等与海陆丰毗邻县的农民运动。1924年8月至1926年8月，在国共合作和国民革命的大背景下，惠州所属各县农民运动在党的领导下蓬勃发展。惠州地区广大农民在中国共产党的领导下，借助东征胜利和海陆丰农民运动复兴的有利形势，迅速组织起来，与封建势力进行斗争。

——惠阳农民运动的发展。1925年2月，广东区委抽调共产党员、农讲所学员罗克仁等随东征军到惠阳，发动农民为东征军服务，还创办政治夜校、发展农会。10月，惠阳全县已建立5个区农会、76个乡农会，会员达1.4万人，占惠州地区会员总数一半。[3]11月16日，惠阳县第一届农民代表大会召开，宣告县农会成立，由朱观喜任执行委员长。同时，农军发展到1500多人，在平山、潼湖两区设立农村联防办事处，何友逖、黄卓如分别任主任，罗焕荣、裴树凯任军事教官。

——紫金农民运动的发展。1925年4月，为配合东征军，紫金县总农会组织农军围攻龙窝区公署和县城，迫使区长、县长出逃。5月，县总农

---

① 中共广东省党史研究室委员会办公室等：《广州农民运动讲习所文献资料》，第29页，1983年12月。

② 《湖南农民运动考察报告》，见《毛泽东选集》第一卷，第29页，人民出版社，1991年版。

③ 《阮啸仙文集》，第135页，广东人民出版社，1984年版。

会改组为县农民协会，由钟一强任会长。第二次东征时，农军配合东征军于10月25日包围县城，次日占领县城。12月初，县第二次农民代表大会召开，组建农民自卫军大队。1926年1月，好义、樟良乡农会武装农军，遭地主诬陷。县长陈侠夫派县政府游击队队长张汉彬到樟良乡镇压，勒令农军缴械，反被农军包围扣押。惠州办事处核实事情真相后电告周恩来。周恩来具文告诫陈侠夫无效，便派刘琴西前往查实，撤销陈侠夫职务，旗帜

何友逖（1894—1965）

鲜明支持农民协会，极大鼓舞农民斗争热情。1926年3月，广东省农民协会在广州召开执行委员扩大会议，为贯彻会议精神，紫金县农民协会在县城召开第三次全县农民代表大会，会议总结农民运动的经验教训，统一斗争目标，决定在全县开展"二五"和"四六"减租运动。1926年夏收，南岭、炮子两地实行"四六"减租，其他地区多数实行"二五"减租，这是农民运动的一个重大胜利。

——龙川农民运动的兴起。1924年9月，共产党员、广州农讲所首届学员黄超凡毕业后回龙川，与黄伯隆等人建立塘耙屋农会，任会长。1925年11月至12月，在龙川特别支部领导下，四甲等乡村及第一区、第三区、第十区农会相继成立。会后，各乡农会从土豪劣绅手中收回祖尝、庙产的管理权，废除苛捐杂税等，有力打击农村封建势力，推动农民运动发展。1926年3月，龙川县农会筹备委员会成立，由黄天泽任主任，多个区也成立筹委会。5月，国民党龙川县党部改选，共产党员黄自强等人当选执行委员。此时，全县3个区成立农会、8个区成立筹委会、34个乡成立农会，会员近3000人。中旬，龙川县农民协会筹委会召开全县第一次农民代表大

会，宣布成立龙川县农民协会。大会通过协会章程和决议案，决定组建农军。会后，县农会选调80多名青年农民组成龙川县农民自卫军总队，全县有组织的武装农军达300人，是推动农民运动发展的重要力量。

——博罗农民运动的兴起。1926年春，农民运动特派员戴耀田等人到博罗观音阁乡和蓝田乡宣传发动，桔石等4个村先后成立农会，会员共1300多人，4个村农会由紫金县古竹区农会领导，蓝田乡也成立农会，会员有150多人。两乡农会组建农军并实行联防。初夏，特派员古柏桐到公庄发动农民，先后在10多个村建立农会，会员近3000人，还组织了农民自卫军。公庄农会于当年重阳节宣告成立。同年秋，共产党员郭华等人在园洲建立党组织并成立多个村农会。此后，在惠州地委的领导下，博罗县的农民运动规模逐步扩大。

——河源农民运动的兴起。1925年，紫金农民运动领导人钟子怀到康禾等地播下农民运动火种。同年冬，刘琴西与钟子怀再到曲龙，建立曲龙农会，这是河源县第一个农会。后来，发展到田坑等乡村，会员达到300人。1926年夏，刘琴西到叶潭区发动农民组织农会。八九月间，阮啸仙派阮志中等以国民党中央农民部特派员身份到河源，在回龙等地建立6个农会组织，会员1000多人。河源县农会成立后领导权被国民党窃取，经惠州办事处改组并协助组建420人的农军，农民运动才得以顺利发展。同时，受周边影响，和平县城进步青年在乡村建立7个农会，会员1000多人。随着农民运动的发展，河源县农民协会宣告成立。后经改组，更换农会领导并组建一支400余人的农民自卫军，河源农民运动得以顺利开展。

4. 东莞、宝安、增城农民运动

邻近广州的东莞、宝安、增城等县农民运动有一定基础，被国民党中央农民部列为农民运动重点地区。1924年夏开始，各县农民运动蓬勃发展，乡、区、县各级农会纷纷建立。

1924年9月底，彭湃到东莞县第一区洪屋涡，深入农村宣传发动农民。10月初，建立洪屋涡农民协会和农民自卫军，随后，霄边乡成立农民协会和农民自卫军。11月，东莞县第一区农民协会成立。邻近各乡在洪屋涡农民协会的影响下，纷纷组织农会和农民自卫军。1925年4月，第三届广州农讲所17位东莞籍学员回到东莞，为农民运动增加重要力量，促进全县农民运动发展。彭湃、阮啸仙等先后到霄边协助开展农民运动，霄边一度成为虎门、长安一带农民运动中心。受此带动，东莞各区、乡的农民协会很快发展起来。1925年5月，东莞县农民协会正式成立，从此，东莞农民运动迅速兴起。1926年初，东莞县有4个区、128个乡成立农会，会员1.2万多人。

1924年底至1925年初，广东区委派黄学增等人以国民党中央农民部特派员身份到宝安，筹建党组织并开展农民运动。黄学增先在第五区组建农会和农军，随后又在四、一、二、三区建立农会和农民自卫军。1926年上半年，宝安县7个区中有5个区、94个乡成立农会，会员达13759人。在此基础上，宝安县农会成立，领导农民进行减租减息、反对苛捐杂税等斗争，推动农民运动深入发展。

1924年秋，广东区委多次派人到增城宣传革命思想、培养骨干，引导农民革命。在广东区委帮助下，增城境内广九铁路沿线乡村率先建立区、乡农会，开展反土豪劣绅和苛捐杂税斗争。在广东区委推动和农民运动骨干努力下，增城农民运动迅速兴起。1925年底，全县建立2个区农会、30个乡农会，会员3300多人。增城县农会通过开展减租减息等斗争，将农民运动推向深入发展。

黄学增（1900—1929）

在国民革命运动不断高涨的形势下，统一战线内部的斗争日益尖锐。1927年4月12日，蒋介石在上海发动反革命政变。4月15日，国民党反动派在广州发动"四一五"反革命政变，广东国民革命由兴盛走向失败。东江地区在白色恐怖的笼罩下，工农运动陷入低潮，轰轰烈烈的第一次大革命最终失败。

　　大革命在东江失败的主要原因有：全国及全省革命形势的逆转对东江地区产生严重影响；东江地区尚未形成一个统一的坚强的党的领导核心；还没有一支强有力的革命军队。

　　尽管大革命在东江地区失败了，但经过锻炼，东江地区各级党组织和广大革命群众积累了宝贵经验，新的革命运动在反动统治的残酷环境中开始孕育、成长。

第三章

东江土地革命的风暴

　　1927年，"四一五"反革命政变的腥风血雨席卷南粤，白色恐怖笼罩了东江大地。1927年4月，中共广东区委面对国民党右派反共"清党"的严峻形势，号召各级党组织发动工农群众组织讨蒋武装起义，回击国民党右派的反革命暴行。东江起义军收缴民团、警署的武装，控制交通要道，围攻主要城镇，占据大部分乡镇，参与起义的工农群众达三万多人。东江地区先后在16个县组织了18次武装起义，是全国最早的讨蒋起义，具有爆发时间早、规模大、影响范围广的特点。

　　1927年9月起，东江党组织响应广东省委号召，在海陆丰、惠阳、紫金等地掀起工农武装起义浪潮。随着红二师、红四师的胜利会师，东江革命力量日益壮大，配合工农武装建立苏维埃政权，展开武装割据。正当革命根据地扩展至20余县区、土地革命如火如荼时，国民党反动派开展了血腥"围剿"。1928年5月，海陆惠紫红色区域遭遇大屠杀，万余名群众英勇就义，两万余人被迫流亡，家园化为焦土。但东江军民并未屈服，在丰顺、五华等县工农武装高擎红旗转入山区建立革命据点。1929年2月，中共东江特委从大南山转移到八乡山革命根据地。1930年后，国民党当局配合蒋介石"围剿"中央苏区，对东江根据地实施封锁与"清剿"。红军和工农武装在大南山、八乡山等地与敌周旋，坚持反"围剿"斗争直至1931年底。1935年6月，东江特委解体，大南山坚持斗争的党组织和游击队被破坏，东江革命根据地丧失。部分保存下来的党组织和党员以各种方式进行斗争，使东江地区的革命火种始终不灭，为后来的抗日救亡工作打下了基础。

十年浴血奋战，东江军民在武装起义中觉醒，在政权建设中成熟，在反"围剿"中坚强，在游击抗争中坚守。十年浴血奋战，展现的是用鲜血和生命铸就的斗争精神，是信仰引领下的勇毅无畏，是植根群众的团结一心，是百折不挠的坚韧不拔。

习近平总书记多次强调广大党员干部要发扬斗争精神、增强斗争本领，勇于进行具有许多新的历史特点的伟大斗争。在《中共中央关于党的百年奋斗重大成就和历史经验的决议》中，更是将"坚持敢于斗争"凝练为一条宝贵的历史经验。可以说，保持和发扬斗争精神是党领导人民在革命、建设、改革中取得一个又一个胜利的重要法宝，是党百余年来永葆旺盛生机活力的基因密码。在百年未有之大变局加速演进的今天，在进一步全面深化改革、推进中国式现代化的新征程上，我们更需要继承和发扬东江革命先辈的斗争精神，以狭路相逢勇者胜的无畏、人心齐分泰山移的团结、敢破敢立开新局的担当、千磨万击还坚劲的韧性，在新时代的伟大斗争中砥砺前行，续写辉煌。

一、中共东江特委的建立与工农武装讨蒋起义

（一）中共东江特委的建立

1927年4月上旬，国民党蒋介石集团公开叛变革命，在上海等地制造白色恐怖。广东区委紧急分析形势，认为国民党广东当局必将追随蒋介石叛变，破坏国共合作。为挽救革命，广东区委决定采取先发制人策略，拟于5月初举行全省总起义，还派遣专员到各重要地区指挥。

4月15日，国民党广东省当局在广州、惠州、汕头等地发动大屠杀，中国共产党许多优秀干部和工农运动领袖惨遭杀害，大批共产党员、国民党左派和革命人士被捕入狱，革命力量严重受挫。中共广东组织被迫转入秘密活动，重要领导人转移香港，全省总起义计划未能实现。

转移到香港后，广东区委恢复领导机构，设法联系各级党组织，号召举行武装起义反击国民党反动派。东江地区的海陆丰地委和汕头地委因交通断绝、检查严密，起初未收到指示。但是经过大革命锻炼的党组织，仍然坚强地继续战斗。4月中旬起，汕头地委所属潮梅各县党组织先后发动工农武装起义，讨伐蒋介石集团，试图维持国共合作、继续国民革命；而海陆丰地委在接到起义命令前，就已和五华、普宁、紫金及惠州取得联系，并临时成立东江特别委员会加强领导。当时东江各地起义缺乏统一指挥，力量分散。广东区委决定组织东江特别委员会，负责指挥全东江的党务、政治、军事。

4月下旬，海陆丰地委、汕头地委、惠州地委负责人共同商议，决定正式成立东江特别委员会，彭湃、郭瘦真、杨石魂、林甦、张善铭、何友逖、李彬等7人为特别委员。因彭湃在武汉参会，杨石魂、林甦、何友逖等人不在海丰，由张善铭主持工作。

东江特委的成立，标志着中国共产党组织在东江地区的新发展，东江特委成为开创和坚持东江革命根据地斗争的领导核心。此后，东江地区工农群众在其领导下，纷纷举行武装起义，沉重打击敌人，点燃武装反抗国民党反动派的革命烈火，建立工农革命政权，开创东江土地革命新局面。①

（二）东江工农武装讨蒋起义

1927年蒋介石在上海发动"四一二"反革命政变后，经历过大革命风暴洗礼的东江人民，面对国民党反动派的倒行逆施，纷纷在东江各级党组织的领导下举起武装反抗的旗帜。

4月15日，广州"四一五"反革命政变的当天，澄海县委组织5000余农军分东西两路起义，反抗反动势力对农会的围攻，与国民党地方武装相持一个月之久。最终因潮梅地区国民党当局调集三个营正规军配合镇压，在力量悬殊、弹尽粮绝下，澄海县委率起义军撤往山区。同日，国民党军队宋世科团纠集地方反动武装1000余人包围五华县党组织和农会驻地横陂圩，农军领导人古大存率县农军模范队迎敌，附近各乡万余农军和群众赶来增援，成功击溃敌军。

4月17日，国民党军队一个连进攻揭阳县农会。在县党组织的领导下，第四区农军300余人反击，陆续有上万群众加入战斗。敌军败逃县城，农军乘势围攻县城两天，因汕头敌军增援而撤退。

4月20日，国民党广东特别委员会电令海丰县农民自卫军大队长吴振民（中共秘密党员）在海陆丰"清党"，吴振民立即报告海陆丰地委。地委在与广东区委无法取得联系的情况下，采取缓兵之计，由吴振民复电假意"拥护清党"，同时计划5月1日在海丰、陆丰、惠阳、紫金4县同时进

---

① 《东江革命根据地史》编写组：《东江革命根据地史》，第11页，中共党史资料出版社，1989年版。

行武装暴动。4月26日，紫金县武装暴动计划被察觉，刘琴西率1000余农军提前起义，攻占县城，活捉国民党县长，释放被关押人员。5月1日，海丰、陆丰按计划起义。吴振民率工农救党军常备队和各区农军迅速攻占海丰县城和各区公署；陆丰农军在国民党左派协助下智取解除驻军武装，占据县城，此为海陆丰第一次工农武装起义，即"工农武装讨蒋起义"。惠阳农军原计划4月30日里应外合攻占平山镇，因内应邹范（中共秘密党员）营起义计划泄露被围而失败，邹范率部突围后与农军会合转移。6月16日，惠州地委书记蓝璇均等率400余惠阳农军再次进攻平山镇，与国民党驻军激战数小时后退走，惠阳起义未能成功。海、陆、紫三县武装起义成功后，饶平、梅县、潮阳、惠来、大埔、潮安等县也先后爆发了工农武装起义。

4月21日，丰顺县党组织指挥400余农军包围县政府，营救被捕的农会干部，激战数小时后撤退。5月15日，丰顺县委再率农军和农会会员5000余人进攻县城，战斗一天后，因敌人调兵增援，主动撤往山区。

4月23日，潮阳、普宁、惠来三县4000余农军在三县军事委员会和普宁县委指挥下围攻普宁县城，将1000余反动地主武装困于城内。26日，国民党从汕头调兵并分三路增援，农军主力在平径山设伏歼敌一个连，后因敌军持续增兵围剿，5月13日按命令撤往陆丰，与海陆丰农军会合。

5月5日，饶平县党组织负责人杜式哲等率1000余农军和农会会员发动起义，攻破饶平县城。5月12日，梅县县委武装斗争委员会发动以工人和学生为主力的武装起义，解除县警卫队武装，占领县公署等主要机关。

从"四一二"到"七一五"反革命政变期间，东江地区16个县先后发动18次武装起义，普宁、海丰、陆丰、紫金、梅县、饶平、大埔等县先后建立革命政权。这些起义是东江党组织联合国民党左派回击国民党右派屠杀政策的有力行动，因国共合作尚未完全破裂，仍打国民党旗帜。起义虽顽强，但因事发突然，党组织缺乏思想准备，领导者武装斗争经验不足，准备不充分、组织松散且各自为战，在敌强我弱的形势下先后被镇压。

东江地区的工农武装讨蒋起义，是中国共产党领导的早期武装斗争的组成部分。东江地区共产党人带领工农群众在全省乃至全国率先举起武装斗争的旗帜，成为探索武装夺取政权道路的最先尝试，揭开了东江地区土地革命战争的序幕。[①]

东江地区工农武装讨蒋起义统计表
（1927年4月15日—7月15日）

区　域	起义时间	领导人	情　况	结　果
澄海县	4月15日	陈国威 黄　祺	农民武装5000多人起义后封锁县城一个月	在敌我力量对比悬殊的情况下，起义军主动撤向山区
五华县	4月15日	古大存	农军模范队与群众万余人在横陂圩与反动武装展开激战，最终将敌军击溃	起义成功
潮安县	4月16日	方临川 方　方	农民武装举行起义	捣毁潮汕铁路
揭阳县	4月17日	陈剑雄	反动军队进攻县农会，遭到农军的反击，陆续加入战斗的农军和群众有万余人	围攻县城两天后，主动撤退
潮阳县	4月中旬	林国英	农军与群众万人起义，围攻贵屿镇	
丰顺县	4月21日	黎凤翔	丰顺县党组织指挥农军400多人围攻县政府，营救被捕的农会干部	农军与警察激战数小时后撤退

---

① 《中国共产党东江地方史》编纂委员会：《中国共产党东江地方史》，第86页，广东人民出版社，2001年版。

（续上表）

区　域	起义时间	领导人	情　　况	结　　果
普宁县	4月23日	杨石魂 李芳岐	普潮惠三县农军4000多人起义围攻县城	农军坚持战斗到5月13日后，按照三县军事委员会的命令撤往陆丰
紫金县	4月26日	刘琴西	农军1000多人起义，攻占县城，活捉国民党县长	起义胜利后，建立人民政府
惠阳县	4月30日	何友逖 罗焕荣	农军300多人包围平山镇	因起义计划泄露，起义没有成功
惠来县	4月30日	黄　符	农军300多人起义	攻下葵潭、隆江
海丰县	5月1日	张善铭 吴振民	农军400多人起义占领县城	成立临时人民政府
陆丰县	5月1日	张　威	农军解除县城敌人武装	成立临时人民政府
饶平县	5月5日	杜式哲	农军1000多人起义	攻破县城，成立县人民政府
梅　县	5月12日	胡明轩 黄龙广	梅县县委发动工人和学生武装起义，解除县警卫队武装	占领县城组成县人民政府
丰顺县	5月15日	黎凤翔	各区农军和农会会员5000多人进攻县城	战斗一天后，敌军增援，农军主动撤向山区
兴宁县	5月18日	蓝胜青	农民起义军进攻县城	
大埔县	6月5日	饶龙光 罗法胜	农军起义攻占县城	成立大埔县政务委员会，坚持10天后退入山区
惠阳县	6月16日	蓝璇均	农军400多人进攻平山镇	与国民党驻军一个团激战数小时后撤退，起义没有成功
合　计				
16个县	起义18次		参加工农群众近10万人次	

高潭区苏维埃政府：东江革命的红色旗帜

1922年秋，彭湃将马克思主义火种播撒至东江腹地。至1923年3月，高潭已成立24个乡农会，会员达六七千人。①1925年夏，中共高潭特别支部成立，黄星南等党员以罗氏祖祠为据点，为苏维埃政权奠定组织基础。

在中共东江特委领导下，1927年11月9日，高潭区工农兵代表大会在高潭圩黄家祠召开。在讨论《没收分配土地》提案时，代表钟金风说，他家耕着地主的田地，但地主早就不敢来收租了，田地是现成的可以分，但田契怎么办？最终，代表议定把没收到的田契全部烧掉，未收到的田契一律作废，由区苏维埃政府制发土地使用证；对于分田的标准，代表明确必须耕者有其田，不劳动不得食，田地人人有份，以此为分田宗旨。在讨论《妇女解放问题》的提案时，代表纷纷提出，要男女平权，禁止打骂和虐待妇女，禁止使用婢女，禁止买卖婚姻，结婚不用钱。妇女代表江梅在会上提到，要提高妇女地位，以前男女不能同板凳坐，现在可以坐了，妇女要大胆起来，剪掉封建主义的发髻。第二天上午，大会继续热烈进行，讨论和通过了《镇压反革命》《铲除封建势力》《取消苛捐杂税》《严禁盗贼和禁绝烟赌》《改良工人农民士兵生活》等决议案，并用举手通过的方式，选举出区苏

---

① 中共惠东县高潭镇委员会、惠东县高潭镇人民政府：《高潭革命斗争史料汇编》，第3页，1987年版。

维埃政府的委员。

11月11日，高潭圩万人空巷，黄星南宣读《高潭全区工农兵代表大会宣言》，庄严宣告高潭区苏维埃政府成立。就是这样一抹红色，再次点燃了高潭乃至整个东江地区农民运动的熊熊烈火，像一面光芒四射的旗帜飘扬在东江。

高潭区苏维埃政府建立伊始，便着手将老街、新街分别命名为"马克思街""列宁街"，形成"日"字形红色地标；并将罗氏祖祠全部外墙刷成红色，以象征革命的红色政权。在国民党重兵"围剿"下，高潭区苏维埃政府辗转杨梅水、中洞等地流动办公，建立乡级苏维埃网络，坚持斗争7年之久，近3000人为革命事业献身。据现有史料，这是全国较早一次建立区级苏维埃政权的实践，具有重要历史意义。

如今，再次走进马克思街和列宁街，两条街前分别矗立着马克思和列宁的巨大头像，街道两旁的房屋多为3至4层民房，窗台上悬挂的红旗迎风飘扬，旧貌换新颜，红色元素处处可见，见证着革命精神的当代传承。

二、红二师、红四师的汇聚与战斗

（一）红二师的改编与海陆丰第三次武装起义

1927年7月15日，汪精卫宣布"分共"，与中国共产党决裂，公开背弃孙中山先生制定的"三大政策"。至此，轰轰烈烈的国民大革命彻底失败。在严峻形势下，改组后的中央政治局临时常委会决定依靠自己掌握的武装力量进行武装起义，并在工农运动基础较好的地区举行秋收暴动。

8月7日，中共中央在汉口召开紧急会议，史称"八七会议"，确定了实行土地革命和武装起义的总方针。而在此之前的8月1日，中国共产党发动和领导了南昌起义，打响了武装反抗国民党反动派的第一枪。前敌委员会按照中共中央关于这次起义仍用国民党左派名义号召革命的指示精神，发表了国民党左派《中央委员宣言》，揭露蒋介石、汪精卫背叛革命的种种罪行，表达了拥护孙中山"三大政策"和继续反对帝国主义、新旧军阀的斗争决心。起义后，部队挥师南下，准备占领广东，重新北伐。南昌起义后，部队沿用国民革命军第二方面军的番号，贺龙被任命为代总指挥，叶挺为代前敌总指挥。

1927年，东江特委在领导工农贯彻八七会议决议和接应南昌起义军过程中，顺应革命斗争需求，建立工农政权，组建以"工农革命军"命名的工农武装，成为开展土地革命的支柱。

9月下旬，南昌起义军抵达潮汕，周恩来派刘立道等人到海丰与东江特委联系，开展筹款招兵工作。海陆丰等县筹集大批现款和700多名农民支援起义军。但起义军主力在揭阳受挫，行动中途折返。

10月3日，周恩来在普宁县流沙镇召开起义军领导人会议，总结失败教训并提出善后办法。根据中共中央指示，为保存革命力量，决定部队撤

位于湖北武汉汉口鄱阳街139号的八七会议会址

往农民运动基础较好的海陆丰一带。会后，杨石魂等协助周恩来、贺龙、叶挺和彭湃等率领起义军突破围堵，辗转到达陆丰县东南部。随后，李立三、恽代英、刘伯承、彭湃、郭沫若等分别从陆丰、惠来赴香港，周恩来留下善后。10月中旬，在陆丰党组织和群众掩护下，杨石魂护送周恩来、叶挺、聂荣臻安全抵达香港，东江地方组织圆满完成护送任务。

叶挺部第二十四师第七十团团长董朗根据周恩来部署，率第二十四师和第四军余部1000多人，在郑志云、张威引导下，于10月9日前后到达东江特委和东江革命委员会所在地中洞（旧称"中峒"）、朝面山和激石溪一带。随后，东江特委和东江革委接到中共南方局指示对该部进行改编。起义军在中洞大沙坝前集队，东江特委代理书记张善铭、东江革委主席黄雍宣布广东省委命令：（一）原国民革命军起义军，取消"国民革命军"番号，改称为"中国工农革命军"第二师第四团，团长为董朗，下辖两个营。在部队建立党的组织，团部建立党委，营设总支，连设党的支部；（二）废除青天白日旗，改换为以斧头镰刀为标志的红旗；（三）换发灰蓝色的新制式军装。新成立的中国工农革命军第二师第四团经换旗、换装

南昌起义军中洞改编纪念亭（广东惠州惠东高潭）

广东惠州惠东中洞革命纪念广场上的"中洞改编"雕塑

后，军容军貌焕然一新。

工农革命军第二师成立后，发表《工农革命军第二师党代表办公厅告东江工农民众书》，号召东江的工农兵团结起来，打倒帝国主义和国民党军阀的统治，建立苏维埃政权，实现土地革命，铲除封建势力。这一宣告明确了共产党及其革命军的宗旨和政治主张，为东江人民指明了行动方向。工农革命军第二师是东江地区中国共产党领导的第一支正规部队，是为工农翻身解放而斗争的革命武装。工农革命军第二师的成立，对继续开展和扩大东江地区武装斗争发挥了重要作用，大大地增强了东江地区的革命武装力量，在创建海陆丰革命根据地和土地革命斗争中，发挥了十分重要的作用。[①]在1927年11月海陆丰第三次武装起义中，工农革命军第二师第四团配合农军攻打各地反动武装，成为创建海陆丰革命根据地的重要力量。1928年4月，广东省委第一次扩大会议提议将工农革命军改称"红军"。5月，由中共中央确定后，改称"中国工农红军"。中国工农红军第二师（简称"红二师"）扩充后，成为东江地区工农武装的主力部队，

①《东江革命根据地史》编写组：《东江革命根据地史》，第36页，中共党史资料出版社，1989年版。

在创建海陆丰革命根据地和土地革命战争中发挥了十分重要的作用。

1927年8月中旬，广东特委赖玉润到汕头组织革命委员会，策应南昌起义军。随后，广东省委又派黄雍到海陆丰，派蓝裕业等人到潮汕，进行武装起义前的准备工作。当南昌起义军南下时，东江地区各县纷纷举行武装起义，接应起义军进军广东。9月7日，张善铭、刘琴西、黄雍等指挥农军攻占陆丰大安圩，次日拿下陆丰县城，并成立东江革命委员会，黄雍任主席。9月15日，海陆丰各路农军围攻海丰，17日进占海丰县城，海陆丰第二次武装起义取得成功。随后，海丰、陆丰两县分别成立临时革命政府。海陆丰革命政权的建立，是土地革命战争时期较早建立的工农革命政权。海陆丰县委吸取第一次武装起义的教训，将重要物资分别运往惠阳中洞、海丰朝面山、陆丰激石溪等偏远山区，做好长期斗争的准备。

1927年10月，遵照广东省委指示，东江特委决定举行海陆丰第三次武装起义，原计划11月7日发动，以掀起土地革命高潮。10月底，国民党军李济深部与张发奎部冲突，驻惠州的李济深部师长胡谦被杀，驻海陆丰的李济深部驻军陈学顺团恐慌。东江特委决定抓住敌人内部混乱之机提前起义。

10月30日，红二师第四团第一营在海丰公平区农军配合下攻占公平镇，各地农军纷纷响应，梅陇、汕尾等区乡被占领，海丰县城被围。11月1日，国民党驻军陈学顺团撤出海丰向惠州溃退，工农武装进驻海丰县城。同时，红二师第四团第二营在陆丰农军配合下攻占大安、河口一带，11月5日进攻陆丰县城，击溃200余名守城保安队，夺取县城。几天内，海陆丰农军在红二师支持下占领两县大部分区乡，第三次武装起义胜利。惠阳县高潭区、紫金县炮子区及五华县部分地区也相继暴动成功。

海陆丰第三次武装起义胜利后，东江特委通过东江革命委员会通电全国，向中央及全国人民报告喜讯。广东省委得知消息，即刻致电东江革命委员会和红二师，要求积极扩大土地革命宣传，没收土地归农民，助力五华、普宁、潮阳等地农民推翻地主阶级势力，动摇东江反动军阀政权，推动全省农工暴动。

东江地区的革命斗争事迹（1927—1929）

1927年12月广州起义失败后，徐向前率工人赤卫队余部撤至花县，整编为工农革命军第四师（简称"红四师"），任第十团党代表。1928年1月与红二师会合后，红四师成为根据地的核心武装力量。在普宁果陇战役中，他率部三昼夜强攻地主武装据点，采用分兵合围战术击毙敌总指挥庄启照，歼敌120余人，为普宁县苏维埃政府成立奠定基础，此役师党委书记唐维等20余人牺牲。

1928年5月，东江特委错误决策反攻海丰县城，导致红四师损失惨重，师长叶镛被俘牺牲。徐向前临危接任师长，率余部退守深山，提出"三不打"原则（敌众我寡、地形不利、群众未撤不打），将部队化整为零开展游击战。在赤石圩伏击战中，他率部潜伏三天三夜突袭敌军，打退国民党反动派围剿。面对缺粮缺药的困境，他将最后一口炒面让给伤员，与山区群众同甘苦，共战斗。

至1928年末，红四师减员至不足400人。徐向前执行中央决定，部署队伍分批撤离海陆丰。1929年1月，他率战士经惠州、九龙转移至上海，向中央军委完整汇报东江斗争经验。这一年多的鏖战中，他总结出"依靠群众建立根据地"的"人山"策略，为鄂豫皖革命根据地游击战奠定基础。

徐向前在大革命失败后联系自身经历和见闻系统总结东江游击战争的经验，"第一，在对形势估计上，只看到海陆丰地区的局部'高潮'，而忽略了全国革命处于低潮的总特点。那个时候动不动就讲'高潮''进攻'，说什么敌人'溃不成军''临死还要踢破三床草席'，盲目性很大。因而，对于军阀势力的联合进攻及斗争的艰巨性、长期性缺乏应有的准备。敌人的'进剿'来临，步步被动，束手无策。第二，在革命道路问题上，仍是夺取城市为中心的思想作祟，未树立农村包围城市的思想。所谓'反对上山主义'，反对去粤赣边界坚持游击战争，便是证明。第三，在军队建设上，没有正确解决主力红军与地方武装的关系。搞根据地，搞游击战，一定要有核心力量。核心就是主力部队，只有不断加强主力部队的建设，使之与地方武装和人民群众的斗争有机结合，才能战胜敌人，发展根据地。而特委的方针却与此相反，失败的命运当然是不可避免的。第四，在游击战的战术上，不懂得避强击弱，有进有退，有游有击，而是硬碰硬，搞拼命主义。'以卵击石'焉有成功之理！总之，那个时候我们党还缺乏武装斗争经验，出现这些问题并不奇怪"，并进一步认识到"无产阶级的军事斗争，离不开正确政治路线和策略的指导。否则，将一事无成"。①其深刻的认识成为中国革命走向胜利的宝贵财富。

扫码观微课｜《元帅身影映东江》

---

① 徐向前：《历史的回顾》，解放军出版社，1988年。

（二）红四师的整编与年关暴动

　　1927年12月11日，广州起义爆发，由叶挺任总指挥，叶剑英任副总指挥，起义军主力为原叶剑英领导的国民革命军第四军教导团、警卫团和工人赤卫队。然而，由于遭到强大敌人围攻，12月13日，起义军撤出广州，分别向东江、北江和广西左右江三个方向转移。

　　向东江转移的教导团、警卫团和黄埔军校特务营等到达花县后，12月16日举行共产党员会议和连以上干部会议。会议决定成立中国工农红军第四师（简称"红四师"），师长叶镛，师党代表王侃予（后为袁裕），并选举产生红四师党委会，师委书记唐维。17日下午，正式宣告红四师成立，下辖第十团、第十一团、第十二团三个团，全师共1100余人。红四师原计划到北江与朱德率领的红一师会合，因联系不上，便决定前往海陆丰寻找彭湃。12月18日，红四师离开花县向海陆丰进发。一路上，他们打退民团多次袭扰，经从化、龙门，于12月31日攻占紫金县城，活捉反动县长丘国忠和民团团长等17人。此时，红四师与海丰来的红二师和革命群众在炮子圩召开公审大会，将丘国忠等判处死刑。

　　红四师在紫金的活动，推动了当地的土地革命运动，受到地方党组织和群众的欢迎。红四师奉东江特委之命迅速开赴海陆丰，从炮子圩经过石门坳，到达惠阳县高潭圩。高潭区苏维埃政府召开群众大会欢迎红四师，并组织群众慰问部队。

袁裕（1906—1941）

1928年1月5日，红四师抵达海丰县城，与红二师会师。东江特委和海丰县委召开数万人群众大会欢迎红四师的到来，彭湃在会上发表演说。会后，红四师召开党员大会总结情况，东江特委对其领导班子进行调整，叶镛仍为师长，袁裕（又名袁国平，抗战时期曾任中共陇东特委书记、中共中央东南分局委员、新四军政治部主任）代理党代表，第十团党代表徐向前改任师参谋长。红四师这支年轻的部队进入东江，进一步增强了东江地区革命武装力量，从此，红二师与红四师在东江特委的领导下，齐心协力英勇斗争，揭开了东江游击战争的新篇章。

据中共中央和广东省委的指示，1928年1月，东江特委和各县党组织发动东江地区年关暴动。在海陆丰，彭湃率红四师第十一团、第十二团前往陆丰镇压白旗队叛乱，召开敬老会、发布告稳定社会秩序，派遣红军追歼反动武装，成功平定叛乱。同时，海丰县委率红四师第十团及海丰工农

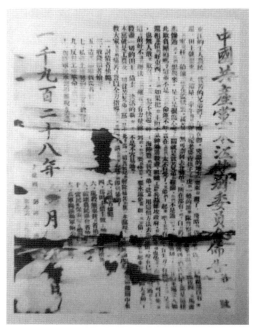

中共东江特委发布东江年关暴动布告

位于广东惠州龙门白芒坑的红四师休整地旧址

革命军团队，在赤卫队配合下，重创蔡廷辉带领的地主武装。

1月起，紫金、普宁、五华、丰顺、龙川等县先后发动年关暴动。除上述各县的暴动外，惠阳、大埔、蕉岭、潮安、潮阳、揭阳等县也先后举行年关暴动。受东江地区年关暴动影响，苏维埃区域从海陆丰向潮梅各县扩展。广东省委因东江革命形势迅猛发展，提出"完成全东江的割据"，指示"即须成立东江苏维埃，包括潮梅"，彭湃等人执行广东省委指示，率领红军转战潮阳、普宁、惠来等县，促进这些县的苏维埃政权的建立和革命根据地的开辟。东江地区通过实行武装割据，建立起大块革命根据地。

为了满足革命形势发展对于干部人才的迫切需要，1月19日，东江特委向广东省委请示开办东江党校，"即为补充同志领导暴动之实力——暴动的知识，而选出继续领导农民暴动的人才来。"[1]1月24日，广东省委批复同意。

东江党校建立后，校址设在海丰县城观音堂，直属东江特委领导，一批学历在高小以上文化、对土地革命态度坚决、参加过斗争且表现好、做

① 《广东省委致东江特委信》，1928年1月13日，广东省档案馆藏。

过相关工作、略识文字、入党5个月以上的学员经过考核进入学校，主要学习"列宁主义大要""苏维埃建设""共产党与第三国际""中国共产党史""农民与土地革命"等与革命实际密切相关的课程，同时还设有经验总结、军事等教学内容，学员毕业后即分配到各个地方，投身苏维埃政权建设，开展革命斗争。

东江党校作为中国共产党早期新型的政治干部学校，其办学始终坚持党的集中领导，具有思想明确、组织管理严密、教学内容充实灵活的特点，为东江土地革命和苏维埃发展培养了一批骨干人才，发挥了重要作用。

1929年的东江之行

1929年的东江地区，革命形势正经历着低潮与阵痛。中共东江特委因屡遭国民党"围剿"与内部思想波动，组织机构几近涣散，革命火种在粤东群山中艰难维系。值此危局，时任中共广东省委常委、军委书记的聂荣臻，肩负中央和省委的重托，于10月下旬以巡视员身份秘密进入东江地区，展开了一场关乎革命火种存续的关键行动。

1929年秋，东江特委机关辗转于丰顺县留隍镇的西山南寮、黄礤等深山村落（今属梅州市丰顺县），面临军事失利、物资匮乏与干部情绪低落的困境。据《聂荣臻回忆录》记载，他化装成商人，在交通员引导下，沿潮汕铁路步行数日，穿越敌占区，最终抵达丰顺大山深处的特委驻地。这一过程充满凶险——此前省委多次派遣干部均遭捕杀，但聂荣臻以"革命者当以使命为生命"的信念，完成了对中央精神的忠实传递。

聂荣臻的巡视工作以"整顿组织、凝聚信心、明确方向"为核心。他首先召开东江党团特委联席会议，传达中央指示，强调"秋收斗争是发动群众的核心任务"。针对东江特委此前受广东省委过度批评导致士气低迷的问题，他客观分析两广革命形势，指出：东江地区应依托八乡山、铜鼓嶂等根据地，向东北方向发展，与朱德、毛泽东领导的闽西苏区形成战略呼应。这一论断既纠正了此前冒进夺取大城市的错误倾向，又为东江革命指明了依托山区、扎根群众的务实路径。在军事部署上，他调整了东江红军的战略布局，坚持"分散游击、互为犄角"的战术，既保存了红军有生力量，又通过秋收斗争发动农民，实现了军事斗争与群众运动的有机结合。据《中共东江特委在丰顺》记载，聂荣臻特别强调：群众是土壤，红军是种子，只有深耕细作，方能星火燎原。要求特委干部"脱下长衫、穿上草鞋"，深入农村发动群众。

聂荣臻的东江之行虽仅月余，却为革命低谷注入了新动能。1930年5月，东江第一次工农兵代表大会在丰顺八乡山召开，正式成立东江苏维埃政府与红十一军，标志着东江革命根据地的成型。这与聂荣臻当年"以山区为根、以群众为本"的指导密不可分。他既坚决贯彻中央指示，又拒绝教条主义；既直面困难，又以智慧化危为机。聂荣臻1929年的东江之行，彰显了共产党人实事求是、勇于担当的精神品格。1984年12月，聂荣臻亲自题写碑名的"东江人民革命烈士纪念碑"矗立于惠州市丰山公园，永远纪念东江地区为革命而牺牲的英雄烈士。[1]

---

[1] 今日惠州网：《惠州十大红色名片遗址评选结果出炉》，2021年10月25日。

三、海陆丰苏维埃政权的建设

海陆丰第三次武装起义胜利后，广东省委派彭湃回海陆丰主持苏维埃的创建工作。1927年11月8日，彭湃率红二师第四团到陆丰，开展苏维埃的创建工作。

11月11日，高潭党组织和工农群众按照中共东江特委的部署召开了万人工农兵代表大会，黄星南主持并宣读《高潭全区工农兵代表大会宣言》，宣布成立高潭区苏维埃政府，并将高潭圩新街、老街分别命名为"马克思街""列宁街"。11月13日至15日，陆丰县第一次工农兵代表大会召开，彭湃发表演说，大会选出15人组成陆丰县苏维埃政府主席团，到12月陆丰成立11个区级苏维埃，辖区人口30余万人。11月18日至21日，海丰县第一次工农兵代表大会在红宫召开，彭湃提出"夺回一切政权，实行土地革命"，大会宣告海丰县苏维埃政府成立，选出13人组成政府委员，下设秘书处及军事、人民、财政、土地4个委员会，形成县、区、乡三级政权机构。1928年2月，根据广东省委指示，海丰县召开第二次工农兵代表大会，海丰县苏维埃政府改为"海丰县苏维埃人民委员会"，设7人主席团，下设9个委员会和政治探访局，农军编为县赤卫队。

海陆丰苏维埃政权是中国共

——陆定一回忆当年从香港秘密赴东江见闻的文字

产党领导下的工农革命政权，它的建立"实开中国革命史上光荣记载的伟
大革命前途的新纪元"[1]。随后，中共中央政治局的决议指出这是"第一
次组织成工农兵群众的无限制的政权"[2]。

为了推广海陆丰苏维埃政权建设的经验，东江特委从海陆丰抽调大批
干部到各地开展组建苏维埃工作。1927年12月初，在东江特委张威、陈振
韬指导下，紫金县召开工农兵代表大会成立苏维埃政府。1928年初，惠阳
县及多祝区苏维埃政府也相继成立。

海陆丰、紫金、惠阳等地苏维埃政府成立后，中共中央和广东省委高
度关注其政权建设，多次给予具体指示。海陆丰及紫金、惠阳的苏维埃政
府据此开展大量工作，巩固和发展苏维埃政权。

一是坚决开展土地革命。海丰、陆丰苏维埃政府成立后，立即实施
《没收土地案》，没收豪绅地主土地财产，废除旧土地法令与契约，限令

---

① 罗浮：《中国第一个苏维埃》，见《海陆丰革命根据地》，第38页，中共党史
出版社，1991年版。

② 《广州暴动之意义与教训》（1928年1月3日），见《中共中央文件选集》第四册，
第8、第22页，中共中央党校出版社，1989年版。

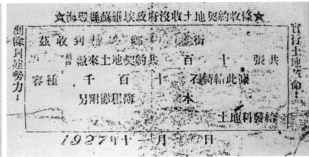

《没收土地案》　　　　　　　　　海丰县苏维埃政府没收土地契约收条

地主豪绅三日内交出田地、债务契约，登记汇总后当众烧毁。《没收土地案》是中国共产党历史上第一部土地革命法规，1927年12月26日由中共中央在《政治通讯》第15期向全党公布。它阐明了实行土地革命的理由，宣布没收一切土地在农民中重新分配，并拟定土地分配的原则、标准及方法。它鲜明地将中国共产党的土地革命政策与历史上其他阶级的土地政策相区别。《没收土地案》的颁布，标志着旧式土地改良历史的终结和新的土地革命运动的开始。[1]

二是扩大革命武装，充实军事力量。1927年12月中旬，为适应海陆丰革命根据地发展，东江特委依广东省委指示，正式组建红二师师部，并从海陆丰农军中挑选500多人组成第五团，使红二师形成两个团建制，总兵力达1800多人。海陆丰两县苏维埃政府赤卫队（千余人），以及各区、乡和紫金、惠阳等地农军（三四万人），共同构成海陆丰革命根据地军事武装力量，为巩固政权和开展土地革命提供重要条件。

三是镇压反动势力，肃清境内残敌。截至1928年1月中旬，海丰县镇压豪绅地主和反革命分子达1600多人[2]，海丰境内地主豪绅几乎都外逃了。通过收复海丰捷胜、赤石和陆丰河口等据点，以及平定陆丰白旗队叛

---

[1] 《中国共产党东江地方史》编纂委员会：《中国共产党东江地方史》，第101页，广东人民出版社，2001年版。

[2] 《中共海丰县委关于各种工作的统计给广东省委的报告》（1928年），见《海陆丰革命史料》第二辑，第219页，广东人民出版社，1986年版。

乱，逐步清除根据地内敌对势力。

四是加强后方基地建设，巩固根据地基础。东江特委鉴于敌强我弱态势，有计划地从海丰、陆丰、紫金、惠阳等苏维埃政权控制区域筹集粮食、布匹、药品等战略物资，送往4县边界的中洞、朝面山、激石溪一带，充实后方游击基地。同时，在中洞建立枪械修造厂、被服厂、印刷厂和红军医院等，修筑碉堡、战壕等工事，建成海陆丰革命根据地稳固的后方基地，为长期斗争奠定基础。

五是发展经济，增强根据地实力。通过没收豪绅地主及反动派资产，征收烟、酒、盐税和军粮，苏维埃政权有了财政与物资供给。开设平卖市场促进商品流通，创立海陆丰劳动银行，发行苏维埃货币，废除高利贷，稳定金融秩序。通过种种经济措施，保证根据地各项事业发展。

六是施行革命外交，反对帝国主义干涉。严格管制海陆丰境内不守法规的传教士，回应英国军舰对苏维埃政府的海面封锁行动。苏维埃政权不怕威胁、不畏强权的外交方针，使英国帝国主义者收敛骄横态度，"只能够恭恭敬敬，一厘的臭架子都拿不出来，这次汕尾英舰的交涉，实在可以开中国失败的外交史的新纪录"。[①]

海丰、陆丰、紫金、惠阳等县的党组织和苏维埃政权的上述措施，使海陆丰革命根据地得到了巩固和发展。

---

① 《海陆丰苏维埃》，见《海陆丰革命根据地》，第117页，中共党史出版社，1991年版。

红四军挺进东江，历史的抉择

1929年9月，中共中央基于国内军阀混战、东江防务空虚的形势，指示红四军挺进东江，以"使闽西、东江、赣南连成一片"，扩大革命根据地。这一决策根植于东江深厚的革命土壤：自彭湃领导海陆丰苏维埃起，东江农运在风雨中曲折前行，至1929年，终于汇聚成以八乡山为心脏的革命热土，农会会员如雨后春笋般涌现，达到10万余人，红军队伍亦壮大至2300余人。陈毅在《关于赣南、闽西、粤东江情况的报告》中强调，东江党组织健全、群众动员力强，具备开辟苏区的潜力。

10月中旬，朱德、陈毅率红四军三个纵队6000余人分三路入粤，①战斗前，朱德严令禁止在攻城战斗中用火攻。初战攻占梅县，颁布《东江革命委员会土地政纲》，释放政治犯，播撒革命火种。但军事行动遭遇重大挫折：二纵队强攻大埔虎市，司令员刘安恭阵亡，损兵200余人，打乱东进计划。梅城鏖战，敌军突袭导致军部损失现金3500元、花名册遗失；反攻梅城时因情报失误牺牲60余人，罗荣桓负重伤。三次受挫致红四军减员1200余人，损失惨重。

11月1日，部队撤至平远石正召开前委扩大会议，全面传达贯彻中央九月来信精神。

---

① 《朱德率红四军挺进东江期间，在这里驻扎休整点燃革命火种》，见《羊城晚报·羊城派》，2021年4月9日。

虽军事受挫，但红四军留下军事骨干与武器，推动东江革命进一步发展：1930年，东江地区成功形成了包括五兴龙、梅埔丰等在内的8块苏区，广泛建立了县乡苏维埃政权，深入实施了土地革命。1931年粤东北正式划入中央苏区，成为拱卫瑞金的南翼屏障。蕉岭群众冒着生命危险送"红军粥"的感人故事，深刻印证了军民之间如鱼水般的深厚情谊。

这段用热血书写的篇章，至今仍在南岭群山中回响，提醒我们：越是艰险时刻，越要坚守信仰、依靠人民。

四、红十一军与东江革命根据地

（一）红十一军的诞生与东江工农武装力量的发展

1928年3月，广东省委向中共中央报告，拟建立工农红军。1928年夏，东江特委曾计划将各县的工农革命军改为工农红军。由于东江地区的红色区域遭到国民党军队的大规模"围剿"，红二师、红四师及各县地方武装分头进行反"围剿"斗争，致使组建一支统一的东江红军的条件尚未具备。在激烈的战斗中，红二师、红四师损失惨重，最终不得不退出东江地区。与此同时，组建红五师的计划也宣告流产，各县地方武装只能在边界山区分散活动，顽强坚持斗争。

1929年3月底，东江地区党组织先后组建多支地方武装团队。为了统一指挥东江地区的武装力量，5月，广东省委经请示中共中央同意，由东江特委和海陆惠紫特委共同组建中国工农红军第六军（简称"红六军"）。由于条件不具备，红六军没有建立军、师的机构，只在各地以团的建制组建红军队伍。

1929年10月，东江特委根据中央军委和广东省委的指示，成立东江工农红军总指挥部，由古大存任总指挥，下辖5个团。古大存是东江革命根据地和东江红军的主要创建者之一。

古大存（1897—1966）

1930年5月初，在东江第一次工农兵代表大会上，根据广东省委和中央军部南方办事处指示，正式成立中国工农红军第十一军（简称"红十一军"），军长古大存，政治委员颜汉章（后为吴炳泰），参谋长严凤仪（后为梁锡枯），政治部主任罗欣然，全军下辖的原东江红军5个团改编为5个纵队。部队以三三制编成战斗序列，组建成军后，军部驻八乡山，设有军校、医院和兵工厂等，全军约3000人。这是东江革命斗争史上的一个重大事件。

红十一军成立后，广东省委及中央军部南方办事处对其建设作出了指示，主要内容有：红军的任务是除帮助地方完成土地革命，肃清土豪劣绅，铲除封建势力，开展游击战争，进行暴动以外，应同群众斗争配合，成为实现一省数省革命政权的主要动力。红军的纲领是以党的十大纲领为纲领，建立政治委员制度与政治部政治工作制度；在连队建立士兵委员会；红军中的党直接受中央军部指挥，与各地方党部发生兄弟的关系，各地方党部不能直接指挥红军的党，一切工作的进行，地方党部可与红军中党开联席会议讨论决定；各军成立军委；红军中的党委尽量公开，用党的组织力量影响士兵群众，使每个士兵群众都在党的领导之下，成为忠实勇敢的无产阶级战士。广东省委还指示以红四军为模范加强红十一军工作。

东江特委依据指示，采取一系列措施建设红十一军：加强党对军队的领导，加强连队政治思想工作，建立新型官兵关系，统一指挥和加强军事训练。

东江军委还对红军建设作了诸多规定，涵盖参谋处、经理处、政治部工作职责，以及团队工作制度等。这些规定的实施，推动了东江红军和地方武装建设，加强了党对红军的领导，提升了红军战斗力，成为保卫和发展东江革命根据地的支柱。

红十一军成立后，各纵队英勇作战，东征西讨。1930年9月报告指出东江红军及赤卫队极为活跃，各地暴动频发。以四十六团为例，1930年5月14日至1931年3月初，配合梅县地方武装作战61次。第四十九团战斗更为频繁，战果显著。其他团也多次血战，巩固发展了东江革命根据地。

随着革命形势发展，1930年底，红十一军根据中央军部南方办事处命令，改编为红六军第二师，师长彭桂，政委黄强，下辖两个团和一个独立营，全师总人数1000多人。红六军第二师在新的斗争环境下，为保卫和发展东江革命根据地作出贡献。

（二）东江革命根据地的创建和发展

东江革命根据地，从1927年广东"四一五"反革命政变，一直延续到1937年，历经整整10年，其发展历程跌宕起伏，先后经历了开创、发展、挫折、再发展、再挫折及转移等阶段，呈现出两起两落的特点。

1927年4月15日至1928年12月是东江革命根据地的开创阶段。"四一五"反革命政变后，东江人民奋起反抗国民党反动派的血腥屠杀。八七会议召开后，东江人民积极响应会议精神，全力迎接南昌起义军南下及广州起义军进入东江，还发动了年关暴动。在此期间，东江地区人民举行了几十次规模不等的暴动，参与人数达20多万。这些行动取得了伟大胜利，成功推翻海陆丰旧政权，成立了全国第一个县级苏维埃政府，率先开展土地革命，创建了著名的海陆丰革命根据地。按照中共中央和广东省委的战略部署，东江人民以海陆丰革命根据地为割据全东江的第一步，积极向外拓展。到1929年初，八乡山、大南山初步奠定了建立根据地的基础。这一时期，充分展现了东江地区党组织、干部和人民英勇无畏的斗争精神和革命首创精神，为中国革命道路的探索提供了多方面的实践。

1929年至1931年上半年，东江革命斗争迎来复兴、发展阶段，东江根据地也进入全盛时期。党的六大和广东省委第二次扩大会议的决议得到贯彻落实，明确了中国革命的性质、形势和任务。1929年4月丰顺暴动成为东江革命斗争复兴的标志。随后，东江特委借助红四军进入东江的声势，在广东省委常委、军委主任聂荣臻的指导下，全面加强各项工作，恢复和发展共产党组织，开展游击战争，扩大苏维埃区域，进一步推动了东江革命局势向前发展。到1929年冬，潮梅地区有15个县恢复了党组织，拥有43个区委、350个支部，党员达4000人；海陆惠紫方面有12个区委、2个特支、341个支部，党员3300人。1930年初，发展了以八乡山为中心的西北4片根据地，建立了潮普惠大南山根据地，发展了海陆惠紫、饶和埔诏等根据地。苏区范围覆盖东江绝大部分县区，且大部分区域连成一片。根据地内广泛开展土地革命和各项建设。1930年5月，东江第一次工农兵代表大会在八乡山举行，大会讨论并通过政治纲领和各种法令，民主选举产生东江工农兵代表大会执行委员会，正式成立东江苏维埃政府。同时宣布成立以古大存为军长的红十一军，统率东江红军5个团，红军主力达3000人枪，群众革命武装近20000人。1930年夏、秋，东江革命根据地处于全盛之时，以李立三为代表的"左"倾冒险主义错误影响了东江。东江红军奉命不断攻坚，导致三个红军主力团遭受重大损失，影响了红军的发展。党、团合并为行动委员会，东江特委领导机关南迁大南山，造成战略发展方向失误，致使1931年春八乡山根据地丧失，西北各根据地受到严重挫折，敌人成功截断了东江革命根据地中心地区与中央苏区（赣南、闽西）的联系。1930年10月底至11月初，中共中央军部南方办事处负责人、广东省委常委李富春和邓发，遵照中共中央指示到大南山召开中共闽粤赣苏区代表大会，贯彻中共六届三中全会精神，纠正"左"倾冒险主义错误，作出将闽、粤、赣三省苏区连成一片的决策，决定取消东江特委，建立西北、西南分委，归闽粤赣特委领导。但由于敌我力量变化及西北各根据地受挫，这些决定大多未能实现。1931年5月，东江特委恢复，此时东江根据地已面临新的严峻局面。

　　1931年下半年至1937年7月，是东江革命根据地斗争遭受严重挫折及革命根据地丧失后革命军民继续坚持斗争的阶段。从1931年5月开始，王明"左"倾冒险主义在东江推行，土地革命受到干扰。更为严重的是，错误地开展了反"AB团"斗争，混淆敌我矛盾，致使根据地内1600多名党、政、军优秀干部和群众惨遭杀害，根据地自损元气，领导力量大幅削弱。此外，从1932年3月起，广东军阀出动5个师的兵力，长期反复"围剿"东江革命根据地。尽管东江军民进行英勇的反"围剿"斗争，不断打击敌人，但因敌人力量过于强大、部署周密，且采取军事和政治兼施的手段，东江革命力量已难以根本粉碎敌人的"围剿"。1935年6月，东江特委遭破坏，9月，东江革命根据地全部丧失。

但是，具有光荣革命传统的东江军民在中国共产党领导下继续坚持斗争。原在潮澄饶（浮凤）根据地活动的红军第三大队等5支部队共400余人枪，一直转战于闽粤边区；另一支由17人组成的红军小队，在东江特委常委、红十一军军长古大存率领下，隐蔽在大埔县境内深山丛林，保存革命力量，开展艰苦的群众工作，等待时机。潮澄饶县委及各地的一些党支部、党员和红军战士，继续在原地坚持开展各种形式的斗争，播撒革命种子，为新的革命高潮的到来创造条件。

东江红色血脉：中央秘密交通线的历史丰碑

在土地革命战争的烽火岁月中，东江地区作为闽粤赣边革命斗争的重要区域，孕育了一条被誉为"中央苏区生命线"的红色交通线。这条从上海经香港、汕头、大埔至瑞金的秘密通道，不仅承载着党中央与中央苏区之间的信息、物资与人才输送，更在东江大地上书写了一部忠诚与智慧的史诗。

1929年，红四军出击东江，朱毛红军与古大存红十一军会师丰顺，推动了梅州苏维埃政权建设，为交通线奠定了基础。1930年，周恩来亲自主持成立中共中央交通局，依托原粤东闽西"工农通讯社"网络，构建起"上海—香港—汕头—大埔"水陆双线。其中，东江地区的汕头、大埔成为进入中央苏区的关键节点：汕头以"华富电器行""中法药房"为掩护建立交通站，大埔则设立水陆两路交会的中转站，形成"穿白区而不染"的隐秘网络。

这条交通线的特殊性在于其是"白区心脏中的红色脉搏"。从汕头至永定，须穿越国民党重兵封锁的潮汕平原与粤东山岭。东江党组织创新斗争方式，在汕头棉安街，交通员借国民党高官私人宾馆掩护周恩来；在大埔青溪，群众邹日祥一家遭民团迫害，母亲被杀、兄弟入狱，仍严守交通站秘密。据《中央苏区史》记载，1931年至1934年间，东江地区累计输送食盐、药品、电讯器材等物资300余吨，护送了周恩来、邓小平、聂荣臻等260

余名干部，其中经汕头站进入者达200余人。①

东江特委以"宁可放弃苏区一县，也要护交通线周全"的决心，停止沿线分田运动，动员群众参与物资转运。大埔和村、联丰村等地建立兵工厂、红军医院，枫朗、大东成为陆路交通线的"安全走廊"。1930年冬，叶剑英经饶平黄冈陆路进入大埔，曾在埔东区委作形势报告，对交通线的建设作出指示，其足迹至今镌刻于福光村山背修来斋学堂旧址。

交通员的英勇更令人动容。大埔站站长卢伟良护送叶剑英时，绕行饶诏边区高山密林，昼伏夜行，风餐露宿；永定伯公凹邹氏一族7人为守护交通线牺牲，践行"头可断，交通不可断"的誓言。东江儿女以血肉之躯筑起"摧不垮的屏障"，1933年，国民党军对中央苏区发动第四次"围剿"后，其他交通线路被悉数切断，唯东江通道依然畅通，成为中央苏区与外界联系的唯一命脉。

东江红色交通线的历史，是党性与人民性高度统一的生动教材。今天，我们当以这条"红色血脉"为镜鉴：既要发扬"敢闯白区、善谋新路"的斗争智慧，更须筑牢"人民至上、使命必达"的宗旨意识。东江大地上的每一处交通站旧址，都是永不褪色的精神坐标，呼唤着我们以历史主动精神走好新时代的赶考之路。

① 张泽华、黄浩瀚：《周恩来与秘密交通线》，见中华全国归国华侨联合会：《海内与海外》，2022年7月号（总第371期）。

第四章

抗日战争中的东江

经过14年艰苦卓绝的斗争,中国人民取得了抗日战争的伟大胜利,也宣告了世界反法西斯战争的完全胜利。在这场惨烈的战争中,东江儿女在党的领导下投身战场,创建抗日武装,开辟抗日根据地,建设抗日民主政权,为全国抗战的胜利作出了积极贡献。

当战火在东江地区燃烧,以曾生、王作尧为代表的青年在党的领导下积极行动,组建起惠宝人民抗日游击总队、东莞抗日模范壮丁队,被党中央称为"东江游击队",他们打响了榴花塔阻击战,开辟了大岭山、阳台山抗日根据地,让东江人民看到了中国共产党一心抗日的坚定决心和实际行动。在抗战过程中,党中央、南方局和广东党组织在东移海陆丰、秘密大营救、部队改编等每个关键时刻都及时给予正确指示,成为东江抗日游击战争能够胜利发展的最根本保证。

东江地区的抗战胜利是奋起抗争敢于担当善于斗争的胜利。为了实现和平,东江人民不怕牺牲,浴血奋战,广东人民抗日游击队东江纵队(简称"东江纵队")2500余人为反抗外敌入侵英勇斗争,有为掩护主力部队奋战至最后一刻的五少年英雄,为确保罗浮山会议顺利进行血战阵亡的25名战士,他们的身上体现出不畏强暴、血战到底的英雄气概。战斗中,东江地区创造性地开展海上游击战、城市游击战,活跃于广九铁路沿线、奔驰于东江两岸，给敌以坚决打击，在战斗中淬炼出威震南粤的东江纵队，成为广东人民解放斗争的一面旗帜。

东江地区的抗战胜利是充分发挥统一战线凝聚人心、汇聚力量强大法宝作用的胜利。在抗战中，东江地方党组织从实际出发，紧紧团结广大人民群众，凝聚海外华侨华人、国内进步人士、国际反法西斯同盟国的积极力量，开展抗日救亡运动和敌后抗日游击战争，成功秘密营救800多名文化界知名人士和爱国民主人士，安全转移大批国际友人，为保存中华文脉、配合反法西斯同盟国作出了积极贡献。战斗中，建设抗日民主政权，开展经济、教育、文化等建设，开辟解放区面积6万余平方米，人口约450万，为坚持华南敌后战场、打败日本法西斯军队起到不可磨灭的重要作用。

回顾历史，警钟长鸣。我们要看到，今天的世界仍很不太平。新征程上，我们必须清醒认识到"中华民族伟大复兴绝不是轻轻松松、敲锣打鼓就能实现的，也绝不是一马平川、朝夕之间就能到达的。"前进道路上，要在中国共产党领导下，弘扬伟大的爱国主义精神，弘扬伟大的抗战精神，团结一切可以团结的力量，万众一心，风雨无阻，向着我们既定的目标继续奋勇前进！

一、东江党组织的恢复与抗日武装的建立发展

（一）东江革命斗争的严重挫折

1932年3月中旬，东江革命根据地内部开展错误的"肃反"运动，使有生力量受到极大削弱。国民党乘机以5个师的兵力对东江革命根据地发动大规模"围剿"，企图将其一举摧毁。面对严峻的内外局势，东江特委迅速统一思想，制定以游击战为主要战术、联合各地方武装力量、共同抗击来犯之敌的战略方针。

1933年1月，东江特委召开会议，调整了领导架构，改组了东江军事委员会，并调整战略部署如下：红一团转战海陆惠紫苏区，牵制敌人兵力；红二团第一连坚守大南山，第二连前往非苏区开展游击活动。两个团的战士不畏强敌，团结群众，展开了一系列英勇的反"围剿"军事行动，东江部分地区的形势一度好转。但是敌人重兵围困，反复进剿，东江特委与各地的联系被切断。红军被迫分散作战，各级党政组织多数解体。

1934年初，海陆紫苏区全部落入敌手。同时，陆惠苏区的党组织和地方武装大部分遭到破坏，大部分东江革命根据地区域落入敌手。

10月，中央红军开始长征，参与"围剿"中央革命根据地

位于坪山的东江军事委员会旧址

的广东国民党军队回师广东，加入对东江革命根据地的"围剿"，形势更加严峻。

1935年4月，国民党第三军第九师（邓龙光师）继续对大南山进行"围剿"。敌人依靠绝对优势的军事力量，重重包围大南山，革命形势急转直下。在这种情况下，东江特委在大南山溜石洞紧急召开会议，决定除留下少数人员继续在山上坚持斗争外，其余武装人员全部突围，分散到外地开展活动，以保存革命力量。同年6月，东江特委书记李崇三被捕，东江特委解体。活动在大南山周围的10多个游击小组和基层党组织相继被破坏。至此，东江革命根据地遂告丧失。

东江革命根据地丧失后，英勇的东江人民继续支持保存下来的部分党组织和红军游击队坚持斗争。比如，东江特委委员古大存带领从大南山突围的17名红军，在丰顺、大埔一带山区坚持斗争，最终在1938年与上级党组织取得联系。在东江地区革命斗争陷入低潮的岁月里，虽然各地党组织先后被破坏，但一些基层党组织还在坚持斗争。惠阳高潭中洞甘溪党支部、海丰苦竹园岐岭头村党支部、陆丰许厝围石跳党支部等组织和党员依然坚持秘密活动，革命火种始终不灭。

（二）东江党组织的恢复与发展

1. 东江党组织的恢复

1931年九一八事变发生后，广东的抗日救亡运动逐步展开。1935年12月9日，一二·九运动在北京爆发，广东也很快掀起抗日救亡运动新高潮。在广东抗日救亡运动逐步走向高潮的同时，东江地区党组织的活动因为东江特委解体及各地党组织被破坏而停止，只有少数基层组织及部分与组织失去联系的党员各自以不同的方式坚持斗争。

1935年底，中共中央确定了建立抗日民族统一战线的策略。1936年夏，为恢复和重建南方各地党组织，中共中央北方局先后派薛尚实、王均予到香港、广州开展工作。9月，薛尚实在香港组建中共南方临时工作委员会（简称"南临委"）。南临委是广东党组织的领导机构，各地党组织的恢复与重建由此开始。

东江地区党组织的恢复与重建工作，是在各地革命团体和党团员开展抗日救亡工作的基础上展开的。1936年秋，南临委派张直心以华南救国会特派员的身份，到东江地区开展抗日救亡和恢复党组织的工作。张直心在大埔县吸收了饶乃跃等人入党，并组建了中共大埔县工委，饶乃跃任书记。中共大埔县工委成立后，积极发动群众开展抗日救亡活动，成为领导大埔县抗日救亡运动的指导中心。同时期，中青东莞分盟成员谢阳光、赵学、王启光等先后加入中国共产党。10月，东莞特别支部成立，王启光任书记。东莞特别支部先后在莞城、厚街等地发展基层党组织，领导抗日救亡活动。1937年4月，中共东莞县工委成立，谢阳光任书记。东莞县工委成立后，大力发展党员，加强新党员培训，为抗日救亡活动的广泛开展准备了条件。

1936年秋，南临委派李平到潮梅地区恢复与重建党组织。年底，李平吸收曾应之、陈初明、陈维勤入党。1937年1月，汕头市党支部成立，李平任书记，并组建潮汕工作委员会（简称"潮汕工委"）。此后，潮汕工委派人到梅县、揭阳、普宁、澄海等县发展党员，建立党组织。

1937年2月，南临委派李志坚、彭泰农到惠阳坪山发展党组织，吸收卢伟如、黄道明、叶子良入党，组建中共惠阳县立简易师范学校支部，叶子良任书记。7月，中共香港海员工委派曾生、黄国伟等到惠阳坪山重建地方党组织，组建中共坪山支部，陈铭炎任书记。

在土地革命战争后期，由于国民党军队的"围剿"，也由于"左"倾冒险主义错误，特别是"肃反"运动的危害，使东江地区的党和其他革命组织遭到了严重摧残。一二·九运动后，中国共产党高举抗日民族统一战线的旗帜，紧紧抓住全国抗日救亡运动蓬勃发展的有利时机，迅速恢复东江地区的党和其他革命组织，为迎接全民族抗日战争的到来作了组织准备。

2. 东江党组织的发展

1937年卢沟桥事变爆发，国共两党第二次合作，抗日民族统一战线形成。

为加强党对抗日救亡运动的领导，尽快恢复、健全被破坏的党的组织，重建各地党的领导机关，中共中央派张文彬到广东整顿党组织，同时撤销南临委，组建中共南方工作委员会（简称"南委"），张文彬任书记，领导广东、广西、贵州及香港、澳门等地的党组织。彼时，东江地区的党组织力量弱小，除建立中共东莞县工委和中共陆丰县工委外，只有惠阳、宝安、海丰建立了党支部，党员人数少，领导机关不健全，无法满足形势发展的需要。因此迅速壮大党的力量、发展党的组织、加强党对抗日救亡运动的领导成为当务之急。南委分别派郑重、黎孟持、潘祖岳等人到海陆丰、紫金、惠州、博罗、龙川、五华等地开展活动，培养进步青年，

中国军队在卢沟桥抗击日军的进攻

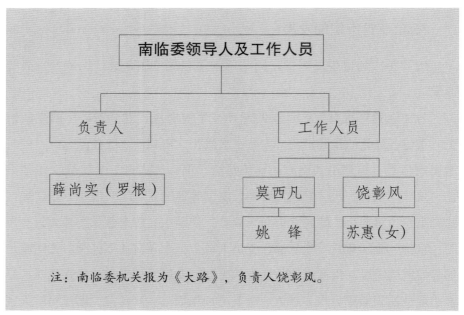

注：南临委机关报为《大路》，负责人饶彰风。

中共南方临时工作委员会组织架构

位于广东惠州惠阳淡水祖庙背街的中共东江临时工作委员会成立大会旧址

发展党员，建立党的组织。

1938年4月，经中共中央和中央长江局批准，南委在广州召开干部扩大会议，宣布撤销南委，选举产生中共广东省委，张文彬任书记。广东省委为尽快发展东江党组织，派麦任到龙川、五华、和平等地发展党员，建立党组织。5月1日，组建龙川支部、五华县工作委员会。与此同时，东莞中心支部改组为东莞中心县委，领导东莞、宝安、增城三县党组织。6月，组建中共东江临时工作委员会（简称"东江临委"），彭泰农任书记，领导惠阳、博罗、紫金等县党组织。10月，组建中共海陆丰工作委员会，郑重任书记。11月，组建中共惠（阳）宝（安）工作委员会，曾生任书记，领导惠阳、宝安部分党组织，组织抗日武装，开展敌后抗日游击战争。12月，组建中共龙川县委，李健行任书记，领导龙川、和平两县党组织。1938年冬，东江地区大部分县的党组织得到恢复和发展。

东江地区各县县委的建立，使得过去党组织机构不稳定、不健全的状况得到改善，党的领导得到加强。这成为贯彻党的全面抗战路线和发展东江人民抗日力量，开展敌后抗日游击战争的重要组织保证。

（三）东江人民抗日武装的创建与发展

1. 东江人民抗日武装的创建

抗战全面爆发后，东江党组织根据广东省委关于各级党组织必须努力建立民众抗日自卫武装的指示精神，通过统一战线工作，利用公开合法的工作方式，建立和掌握了一批民众自卫武装，为开展敌后游击战争打下了基础。日军在大亚湾登陆后，东江党组织进一步加紧人民抗日武装队伍的建立，先后在惠阳、东莞、增城等地创建了不同形式的人民抗日武装队伍。

1938年10月12日，日军在广东惠阳大亚湾登陆，21日攻陷广州，标志华南敌后抗战的开始。根据中央的指示精神，八路军驻香港办事处主任廖承志在香港召开紧急会议，商讨部署东江敌后游击战争，并派曾生到惠阳组织民众抗日武装，成立中共惠宝工委。同年12月2日，惠宝人民抗日游击总队在惠阳沙坑周田村育英楼正式成立，曾生任总队长。同时，中共惠宝工委积极动员地方党员和自卫队员参军，香港相关抗日团体也先后组织7批团员回乡参战。12月12日，东江地区第一个抗日民主政权——惠阳县第二区临时行政委员会成立，严尚民任主任，并迅速出台系列利民措施，获群众拥护。到1939年初，惠宝人民抗日游击总队发展至200多人，编成两个中队和一个特务队，在惠阳、宝安沿海开展敌后抗日游击战争。

1939年1月1日，东宝惠边人民抗日游击大队成立，王作尧任大队长，下辖两个中队，活动于广九铁路和宝太公路沿线。根据南方局和广东省委的指示，经过统战工作，取得了国民党第四战区的番号。1939年4月，东宝惠边人民抗日游击大队改称为"第四战区游击指挥所第四挺进纵队直属第二大队"（简称"第二大队"），王作尧任队长。5月惠宝人民抗日游击总队改称为"第四战区游击指挥所第三挺进纵队新编大队"（简称"新编大队"），曾生任大队长。这两支人民抗日武装分别在惠阳、宝安和东

被日军炸毁的东新桥

位于广东惠州惠阳沙坑周田村育英楼的惠宝人民抗日游击总队成立旧址

惠宝人民抗日游击总队在集训

东江纵队之歌

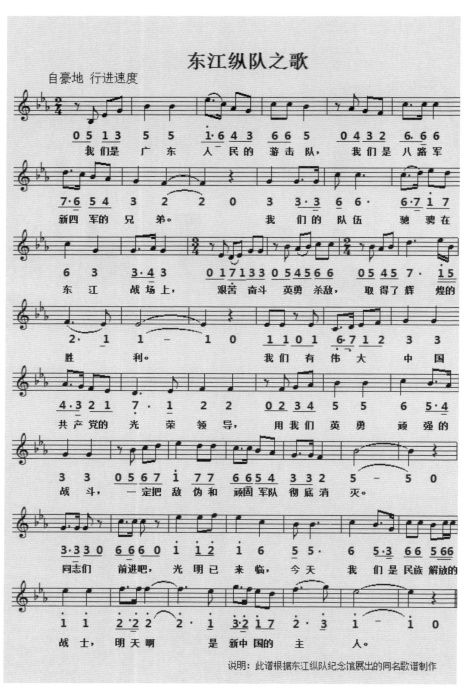

说明：此谱根据东江纵队纪念馆展出的同名歌谱制作

《东江纵队之歌》

莞边境敌占区活动，开辟敌后抗日游击根据地。

2. 曾王部队的发展与抗日游击战争的开展

1939年5月，根据广东省委指示，中共东南特委成立东江军事委员会
（简称"东江军委"）。1940年，第一次反共高潮波及东江，东江地区国
民党顽固派妄图扑灭东江人民抗日武装力量。东江游击指挥所主任香翰屏
削弱、消灭曾王部队的阴谋破产后，又以封官、派员任职等手段，妄图瓦
解、监控曾王部队，均被曾王部队成功反击。香翰屏阴谋败露后，悍然发
动军事进攻。3月1日，曾王部队在惠阳坪山竹园村召开紧急军事会议，
决定东移海陆丰。新编大队从惠阳坪山向东突围，经激战，于3月18日到
达高潭。31日，国民党军队围攻新编大队，因众寡悬殊，新编大队伤亡惨
重，由500多人减至100多人。4月中旬，新编大队进入海丰整编，非战斗
人员分批疏散隐蔽。第二大队在王作尧的率领下于3月初从宝安乌石岩突
围，向惠阳沙坑东移。突出重围后于3月18日到达黄沙坑。国民党军队假
借谈判，包围扣押王作尧部40余人，政训员何与成等6位干部遇害，史称
"黄沙坑事件"。事件发生后，王作尧率70余人进入海丰渔村分散隐蔽。
5月上旬，国民党军队在海陆丰和惠阳东部沿海搜捕，企图消灭曾王两

位于广东东莞中山公园的东莞抗日模范壮丁队成立旧址

部。当地党组织和群众舍命掩护，部分武装人员得以安全隐匿。

在紧急关头，廖承志转达了中共中央书记处5月8日发出的电文指示（也称"五八指示"），要求部队"回到东、宝、惠地区"，"在日本与国民党矛盾间"，"大胆坚持抗战与不怕打磨擦仗"。中共中央书记处的五八指示，在坚持抗战、坚持抗日民族统一战线的前提下，对国内的抗战形势作了精准的分析，对指导东江地区的抗日游击战争和反对国民党反动派的斗争具有重要意义。1940年8月，曾王部队在地方党组织和人民群众的帮助下，克服重重困难，返回惠、东、宝前线，重整旗鼓，又开始新的战斗。

1940年9月中旬，为了贯彻中央五八指示，中共前东特委在宝安布吉上下坪村召开部队干部会议。会议决定：坚持独立自主的原则，不再使用第四战区给予的部队番号，成立广东人民抗日游击队，部队整编为第三大队和第五大队，曾生任第三大队大队长，王作尧任第五大队大队长，由东江特委书记、前东特委书记林平兼任两个大队的政治委员，梁鸿钧负责军事指挥。第三大队在东莞大岭山一带活动，第五大队在宝安阳台山和广九铁路两侧活动。上下坪会议成为东江党组织开展人民抗日游击战争的重要转折点。

位于广东深圳宝安布吉乡上下坪村的上下坪会议旧址

位于广东东莞的榴花塔阻击战旧址

1940年11月初,第三大队在大岭山黄潭村粉碎日军200余人的进攻,毙伤日军30余人。这次战斗是部队重返东、宝敌后的第一次战斗胜利,极大地鼓舞了军民的抗日斗志。1941年6月,第三大队和各乡自卫队协同作战,取得大岭山百花洞战斗的胜利,毙伤日军大队队长长濑以下官兵50余人,沉重打击了日军的嚣张气焰,被日军称为"进占华南以来最丢脸的一仗",是广东人民抗日游击队重返敌后战场对日作战取得的一次重要胜利,为华南的抗日军民带来了宝贵的经验和信心。到1941年6月,第三大队由70多人发展到300多人。

1941年6月至8月,第五大队连续9次粉碎日军3000余人的"扫荡",毙伤日军100多人。阳台山根据地得以巩固,第五大队也由东

百花洞战斗要图

移后仅存的30余人发展到300多人。

广东人民抗日游击队重返东江沿海战略要地开展抗日游击战争，建立抗日根据地，发展地方人民抗日武装。1941年12月8日，日军偷袭珍珠港，太平洋战争爆发。同日，日军进攻香港。25日，香港沦陷。在日军进攻香港的同时，广东人民抗日游击队执行中共中央指示，迅速派出多支武工队挺进港九地区活动，于1942年2月成立港九大队，由蔡国梁任大队长、陈达明任政治委员，在港九城区、圩镇和海口，进行破袭战、伏击战，不断给日军以有力的打击。港九大队先后建立了6个中队，部队发展到600多人。

3. 香港秘密大营救

1941年，国民党反动派制造震惊中外的"皖南事变"。之后，第二次反共高潮波及全国。为免遭国民党顽固派迫害，文化界知名人士和爱国民主人士先后从桂林、昆明、上海、重庆等地辗转到了香港。为了团结和支持这些文化界知名人士和爱国民主人士开展抗日救亡和文化工作，中共中央南方局指示，由廖承志、夏衍、潘汉年、胡绳、张友渔等人组成香港文化工作委员会（简称"香港文委"）。

在香港文委的支持下，文化界知名人士和爱国民主人士以各种形式积极开展抗日救亡活动和文化活动。宋

《华商报》晚刊创刊号报照

关于港九大队海上队（史料摘录）

港九大队海上队从1942年开始，近百人。主要在大鹏湾海域活动，海上队活动由龙岗扩展到大鹏半岛，以大鹏湾的南围渔村榕树湾为新的基地。活动于大鹏湾和九龙西贡三门一带的沿海及海上。队于1943年6月成立的海上中队积极打击日军破坏队人的运输线，保卫来往的商旅，后夺取人夺取大鹏湾的控制权。因为海上中队大鹏湾基地和海上中队长罗欧锋（首任为陈志贤）王锦、杨友、吴展。

《关于港九大队海上队（史料摘录）》

东江抗日游击队护航大队在大鹏湾护航

活动在大屿山的游击队战士

设在惠州的护送文化界人士的中转站——东湖旅店

庆龄、何香凝、柳亚子、彭泽民联名发表致蒋介石公开信，谴责国民党顽固派围攻新四军的反共罪恶行径；邹韬奋、茅盾等人发表文章，揭露国民党顽固派对抗日进步力量的压制和迫害，批驳其攻击诬蔑中国共产党的谬论。同时，这些文化界知名人士和爱国民主人士积极创办各种进步报刊，高举抗日旗帜，呼吁团结抗战。如宋庆龄主办《保卫中国大同盟》、胡仲持主编《华商报》、中国民主政团同盟主办《光明报》、邹韬奋主编《大众生活》、茅盾主编《笔谈》等。其中，《华商报》经由中共中央南方局书记周恩来指导，创办于1941年4月，以"灰皮红心"形式运作，是中共中央运用统战政策领导文化工作的一个范例，在港澳地区和内地及南洋都有较大的影响，成为当时香港爱国进步报刊的"中坚"。同时，夏衍、于伶、金山、宋之的、王莹、司徒慧敏等人组织旅港剧人协会剧团，先后演出《雾重庆》等话剧，揭露国民党顽固派的腐败罪恶，宣传国际反法西斯斗争，使香港抗战文化掀起高潮。

在香港的文化界知名人士和爱国民主人士鲜明的爱国抗日立场和进步言论，引起了日本侵略者的极端仇视和国民党顽固派的忌恨。特别在香港沦陷后，这批爱国进步人士随时都有被害的可能，处境极其危险。中共中央和南方局对这批文化界知名人士和爱国民主人士的安全极为关注，日军进攻香港当天，中共中央书记处就急电周恩来、廖承志等人，强调要设法尽快帮助旅港爱国民主人士和文化界人士撤出港九地区，将他们转移到南洋或东江游击区。[1]

根据中共中央和周恩来的指示，张文

张文彬（1910—1944）

---

① 《中共中央关于太平洋战争爆发后与英美建立统一战线问题给周恩来等的指示》，见《南方局党史资料》第三册，第71页，重庆出版社，1990年版。

打通九龙至沙鱼涌交通线的短枪队（武工队）

彬、廖承志、潘汉年、刘少文立即组织在香港的中共有关人员投入工作，及时与南方工委、粤南省委、香港市委、前东特委和东江游击队等取得联系，并由张文彬、廖承志在香港、惠阳、宝安召集有关方面领导人尹林平、梁鸿钧、梁广、连贯、曾生、王作尧、杨康华等开会，研究营救工作，决定乘日军侵占香港立足未稳，以最快的速度帮助滞港文化名人和爱国民主人士迅速转移。

1942年1月，营救工作开始秘密紧张地进行，撤退护送工作分水路和陆路同时进行。1月5日晚，被营救人员分批从香港偷渡过海，由武工队队员护送到九龙的港九抗日游击队交通站，然后分东、西两条路线送往东江抗日根据地。两条撤退路线，沿途不仅有日军的封锁哨卡，还有土匪拦路抢劫，武工队迅速消灭或驱逐沿途土匪，为护送工作扫清障碍。

1月11日，日军宵禁解除。首批文化界知名人士茅盾、邹韬奋等几十人，化装成难民离开九龙市区，在武工队队员的护送下走西线经荃湾进入

广东人民抗日游击队第五大队正在阻击进犯阳台山抗日根据地的日军

日军轰炸香港的情形

元朗，顺利通过日军的封锁线，安全抵达宝安白石龙根据地。何香凝、柳亚子则由谢一超夫妇负责护送乘民船从香港鲤鱼门、龙船湾撤至海丰。从1月中旬开始，一批批文化界知名人士和爱国民主人士由香港、东江党组织安排，在广东人民抗日游击队员的护送下，越过日、伪军的封锁线抵达惠州。前东特委和惠阳县委负责惠州段的接待和护送工作。早在香港沦陷前，惠阳县委就派组织部部长卢伟如进入惠州开展工作，在惠州建立接待站，以"源吉行""东和行"和东湖旅店为接待点，将这批文化界知名人士和爱国民主人士由东江水路护送到老隆。到达老隆后，后东特委和龙川县委通过统战工作关系，利用老隆的"义孚行""侨兴行办事处"等商行，为撤退的文化界人士提供旅宿和交通方便，将他们护送到韶关，然后转移到桂林、重庆等地。

经过200多天的紧张艰苦工作，粤港党组织和广东人民抗日游击队，从日军严密封锁的港九地区营救转移了文化界知名人士和爱国民主人士

300多人，连同国际友人和其他人士共800多人，并创造了"无一人被捕"的营救奇迹。因此，被茅盾先生称为"抗战以来（简直可说是有史以来）最伟大的抢救工作"。

这一空前规模的秘密大营救行动是中国革命史上前所未有的奇迹，保护了一批中华民族的优秀人才，不但赢得了国内外各阶层人士的高度赞扬，而且对进一步密切中国共产党与知识分子、民主人士的关系，促进抗日民族统一战线的巩固和发展，加强全民族抗日团结，起到了重要作用。

甘溪星火：东江革命中的忠诚与守望

1922年深秋，彭湃踏足粤东高潭，将马克思主义的火种播撒在这片贫瘠的山区。甘溪乡（今广东惠州惠东县高潭镇甘溪村）地处层峦叠嶂之中，险峻的地理环境成为天然的斗争屏障。1923年甘溪农会成立后，农民运动蓬勃兴起。1926年中共甘溪党小组成立，钟乃水、钟金娘、朱正光三人成为首批党员。至1927年，支部党员发展至25人，成为高潭革命的重要堡垒。[①]

这一时期的甘溪党支部，以"打土豪、分田地"为旗帜，组织赤卫队保卫苏区，并参与筹建高潭区苏维埃政府的经济命脉——红军医院、兵工厂等设施。钟乃水率党员深入中洞岩石山，为红军第四十九团筹粮筹款，其足迹遍布紫金、海陆丰交界地带。然而，革命烈火引来了反动势力的疯狂反扑。1928年3月，国民党军队联合民团血洗高潭，甘溪党支部率众阻击敌军，掩护苏维埃机关转移，自此拉开长达10年的悲壮抗争序幕。

至1933年，东江革命进入低潮，国民党"草木过三刀"的剿杀政策令甘溪党支部仅存朱远平、朱正光、钟蔚强、钟金娘、钟李仁5名党员。面对组织失联、战友牺牲的绝境，5人于牛栏窝山洞中庄严宣誓："严守秘密，服从纪律，牺牲个人，阶级斗争，努力革命，永不叛党。""五人支部"以超凡智慧分工协作：朱

---

① 中国老区网：《信仰的力量——浅谈"甘溪精神"的由来与弘扬》，2022年7月11日。

远平四度乔装赴香港、揭西等地寻找党组织，徒步穿越封锁线千余里；钟蔚强以军医身份打入国民党部队，将每月薪水悉数上交支部作党费；朱正光留守传递情报，编织起覆盖高潭、多祝的地下联络网；钟金娘、钟李仁隐入深山伐木烧炭，以山货换取盐米接济战友。

6年时间里，他们栖身炭窑岩洞，以野菜果腹、山泉解渴，衣衫褴褛形同"野人"，却始终保存着象征革命火种的支部印章。1939年秋，东江特委特派员黄琴秘密抵村，5双布满老茧的手与组织紧紧相握——这一刻，东江大地见证了"绝对忠诚"最生动的注脚。此后，5名党员以不同方式投身抗战，为抗日战争的胜利贡献力量。

甘溪党支部的史诗，折射出中国共产党人"三信"特质的深刻内涵：主义之信——从彭湃宣讲的《海陆丰农民运动》到支部会议讨论的《共产党宣言》，马克思主义真理构筑起精神支柱；组织之信——失联期间仍按月"缴纳党费"，钟蔚强冒险传递的敌军布防图成为东江纵队重要情报来源；人民之信——村民冒死为隐蔽党员送粮，支部协助重建被毁民房，血浓于水的党群关系铸就铜墙铁壁。

今日的甘溪，昔日炭窑密林已成红色研学基地，马克思街的石板路镌刻着初心，广东东江干部学院的课堂上传承着薪火，这昭示着忠诚不是抽象的口号，而是像朱远平们那样，把信仰融入血脉，用生命践行誓言。

二、东江抗战中的多元力量

（一）港澳同胞回乡参加抗战

香港、澳门与东江地区有着紧密的地缘和人缘关系。卢沟桥事变后，南临委、香港市工委、香港市委、香港海员工委和东南特委等广东党组织，在港澳地区积极开展抗日救亡运动。八路军驻香港办事处和宋庆龄组织的保卫中国同盟，致力于动员和推动华侨和港澳同胞支持全国抗战。从1937年8月开始，惠阳青年会、海陆丰同乡会先后组织回乡救亡服务团，回到东江地区参加抗日救亡运动。

从1937年8月至1938年10月，香港市工委和香港海员工委以香港惠阳青年会回乡救亡工作团的名义，先后组织100多名共产党员和进步爱国青年，由严尚民、叶锋、刘宣率领，分三批回到惠阳、宝安边界的沿海地区

——卢沟桥事变后，东江各地青年纷纷行动起来，开展抗日救亡活动。图为中共东莞县委组织的"八一三"剧社全体成员演出后合影

参加抗日救亡活动。1938年3月，吴禄、朱荣带领以香港海陆丰同乡会名义组织起来的海陆丰旅港回乡服务团共20多人，回到海陆丰参加抗日救亡活动。1938年10月12日，日军自大亚湾登陆，当战火在东江地区燃烧起来的时候，许多港澳爱国青年纷纷回家乡直接参军参战，出现了父母儿女齐上阵、夫妻共同上战场的回乡参战热潮。10月21日，廖锦涛、沈文略（沈章平）以澳门四界救灾会回国服务名义组织共产党员和爱国青年160多人，组成10个工作队与1个机工队，回到内地参加抗日救亡活动，其中有部分队员回到东江地区参与抗战。1938年底，香港市委还组织东江流动剧团17人，由陈一民、程跃群率领，回到惠阳、宝安和海丰等地开展抗日救亡宣传活动。1939年秋，香港市委又组织香港惠阳青年会剧团10多人，由黄华、邓培基率领回到惠阳、宝安开展抗日救亡宣传工作。其中，独生女李杰、黄小英，说服年老双亲，抛弃安逸的家庭生活，毅然走上抗日救国的革命道路。香港女教师李淑桓在丈夫去世后带领全家投身抗日救国战场，还有许多港、澳爱国青年回乡参战，浴血沙场、英勇杀敌，成为人民抗日游击队的领导骨干，为民族解放事业作出重大贡献。这些动人事迹是港澳同胞爱国爱乡、保家卫国的伟大爱国主义精神的生动体现。

八路军驻香港办事处驻地香港皇后大道中街景（左）及办事处旧址（右，原建筑已拆除）

（二）东江华侨回乡服务团的抗战活动

　　1938年10月，东江下游地区沦陷的消息传到海外，南洋惠属侨胞无不义愤填膺，纷纷行动起来，开展救国救乡活动。10月27日，新加坡惠属侨胞召开紧急会议，讨论救国救乡计划。30日，南洋各地的惠属侨胞，在马来亚吉隆坡惠州会馆召开南洋各埠惠州华侨代表大会，宣布成立南洋英荷两属惠州同侨救乡委员会（简称"南洋惠侨救乡会"），推举侨领黄伯才为主席，委员41人。

　　成立南洋惠侨救乡会是海外华侨联合起来进行抗日救乡的创举。南洋惠侨救乡会把分布在南洋英荷两属各地的10万惠属侨胞组织起来，凝聚起抗日救国的集体力量，对广泛持久地开展华侨救乡救国运动起到了积极作用。同年11月，黄适安率领南洋惠侨救乡会代表团抵达香港，与廖承志、连贯和正在香港的新四军军长叶挺等商讨救乡计划。12月中旬，在东南特委主持下，召开了由南洋惠侨救乡会、香港惠阳青年会、余闲乐社和海陆丰同乡会代表参加的会议。会议决定成立东江华侨回乡服务团（简称"东团"），以"动员东江群众协助军队及人民武装

位于广东惠州惠阳淡水猪行街隅园的东团总部旧址

香港《星岛日报》关于东江华侨回国服务团回到东江抗战的报道

抗战，并拯救伤兵难民及辅导民众组织各种救亡团体"为宗旨。[1]东团总团部成立后，各县服务团相继成立。惠属华侨的爱国热情不断高涨，出现了争先恐后回乡抗日救国的动人情景。吉隆坡华侨方寿，亲自带儿子方隆、侄子方志良到南洋惠侨救乡会，请求介绍他们回国参战，并嘱咐他们"要绝对服从命令，并抱就牺牲决心，不可退缩，以期对得住国家民族"。[2]后方寿又送儿子方金龙回国从戎杀敌。许多华侨青年抱定救国救民决不回头的决心，回国时不留后路，不去英荷当局领取重返南洋的入境证。

在东南特委和东江特委领导下，东团的救乡抗日活动得到东江人民的大力支持，国内外爱国青年踊跃参加东团，队伍不断扩大。东团组建的7个分团、2个队及1个东江流动歌剧团，人数也迅速增加到500多人，范围遍及惠阳、博罗、东莞、宝安、增城、龙门、河源、龙川、和平、连平、紫金、海丰、陆丰等13个县和惠州等地。[3]

东团的建立和发展有力地配合和推动了东江地区抗日救亡运动，为发展壮大东江地方党组织和人民抗日武装、开展敌后游击战争、创建抗日游击根据地发挥了重要作用。

---

① 《东江华侨回乡服务团章程》，见中共惠阳地委党史办公室：《东江党史资料汇编》第九辑，第279页，1987年版。

② 新加坡《星岛日报》，1939年3月17日。

③ 《忠诚为国服务的一年》，见中共惠阳地委党史办公室：《东江党史资料汇编》第九辑，第381页，1987年版。

（三）东江人民抗日救国的支援力量

1938年8月起，500多名港澳同胞和海外侨胞回到东江地区。他们组成工作队、服务团、剧团、政工队，深入城乡，慰问同胞，发放救济物资、免费治病；通过写标语、画漫画、演出等方式宣传抗日，一年间出版专刊和宣言2500份，宣传演出150场次，观众超20万人；还通过办夜校、设阅览室等形式，动员群众抗战，到1940年初，各地夜校学员超5000人。①东江流动歌剧团行程超千里，演出剧目40多个、歌曲70多首②。经广泛宣传发动，东团组织起来的群众达万余人，东江地区各县抗日救亡团体开始纷纷成立。

募捐筹资是海外侨胞和港澳同胞支援抗战的主要方式。抗日战争爆发后，他们开展月捐、难童捐等多种募捐活动。南洋惠侨救乡会动员侨胞，吉隆坡等地华侨组织义演，华侨学校师生也参与筹款。有的侨胞变卖财产，中小学生组成卖花队义卖。新加坡惠侨救乡会将家产的10%拨作救乡款，马来亚华侨1939年1月、2月就募捐义款超300万元。从1937年至1941年，南洋救乡总会共筹集资金3.8亿元（国币）。1939年初，海外华侨给曾生部队捐款20万港元，此外，还积极捐送物资。同年下半年，纽约惠属华侨汇款支持曾生部队和东团开展抗日救乡运动。曾生部队的军需物资，前期多来自侨胞和港澳同胞捐献。此外，海外侨胞和港澳同胞还组织爱国青年回乡参军参战。据统计，抗战期间有超1500人参加东江纵队，为东江人民抗日武装输送了大量干部和兵员。③

海外侨胞和港澳同胞回国回乡参加东江人民抗日斗争，拥护中国共产党的领导，经受长期艰苦斗争的锻炼和考验，许多人后来加入中国共产

---

① 《忠诚为国服务的一年》，见中共惠阳地委党史办公室：《东江党史资料汇编》第九辑，第38页，1987年版。

② 程跃群：《东江流动剧团的组织活动和活动情况》，见中共惠阳地委党史办公室：《东江党史资料汇编》第九辑，第152页，1987年版。

③ 《东江纵队史》，第43页，广东人民出版社，1995年版。

东团组织者马来亚华侨领袖黄伯才（1881—1940）、官文森（1886—1957）

党，不少人成为东江地方组织和抗日游击队的骨干力量，并涌现出一大批英雄人物。许多华侨和港澳爱国青年为了拯救民族危亡、实现祖国的独立和解放，洒尽热血，英勇捐躯，谱写出一曲曲光辉壮丽的动人篇章。

三、威震南粤的东江纵队

（一）广东人民抗日游击总队的成立

太平洋战争爆发后，日军帝国主义一方面加强对中国的军事、政治压力和经济封锁，以确保其在中国的占领区成为支持其扩大侵略战争的后方基地。另一方面，进行所谓的"政治建设"，把共产党和抗日根据地的人民武装作为主要的进攻对象。中国共产党领导的敌后抗战出现了极为艰难的局面。为尽快适应抗日形势的变化，1941年12月17日，中共中央发出《关于太平洋战争爆发后敌后抗日根据地工作的指示》，给处于抗战相持阶段最困难时期的敌后根据地军民，指明了斗争的前进方向。

为了贯彻中共中央、南方局的指示精神，总结东江党组织和广东人民抗日游击队对敌斗争的经验，确定抗战相持阶段最困难时期的斗争方针，加强和统一东江敌后游击战争的领导，1942年1月间，南方工委副书记张文彬从香港到宝安阳台山抗日根据地进行调查研究，先后与尹林平、梁鸿钧、曾生、王作尧、杨康华进行了多次谈话，并在白石龙村主持召开了广

位于香港九龙新界沙头角区乌蛟腾村的乌蛟腾会议旧址

东人民抗日游击队干部会议。会议总结了东江地区三年来开展敌后抗日游击战争和反顽斗争的经验教训，讨论了抗日战争形势、任务、方针、政策，游击战争的战略战术，以及部队建设等问题。会议对进一步开展游击战争和加强部队政治、军事建设，作出了重要的决定。

为了适应形势的发展，加强和统一东江地区敌后抗日游击战争的领导，南方工委决定，成立东江军政委员会，由尹林平任主任。会议还决定成立广东人民抗日游击总队（简称"游击总队"），由梁鸿钧任总队长，尹林平任政治委员，曾生任副总队长，王作尧任副总队长兼参谋长，杨康华任政治部主任。总队设政治部、参谋处和军需处。部队进行了整编，设立1个主力大队和4个地方大队。

白石龙会议是东江抗日游击战争发展史上一次重要的会议。会议正确分析了东江地区的抗战形势，明确了东江敌后抗日游击战争发展的任务和方向，加强了党的领导和部队建设，对进一步开展敌后抗日游击战争，建立巩固的抗日根据地具有重要意义，也为粉碎日、伪、顽军的军事进攻打下基础。

（二）东江纵队的成立与党组织建设的加强

东江人民抗日武装坚持敌后抗战，由于客观条件限制，一直没有公开承认是中国共产党领导的队伍。1943年，世界反法西斯战争形势发生根本变化，日军开始丧失太平洋战场的战略主动地位，中国共产党领导的敌后解放区战场开始摆脱严重困难的局面，八路军、新四军为了恢复和扩大根据地，积极贯彻"敌进我进"的方针，进一步加强对敌斗争，取得了伟大胜利。在东江，广东人民抗日游击总队先后粉碎了日军对惠、东、宝沿海地区的"万人扫荡"和"清乡"，挫败了日军妄图打通粤汉铁路和广九铁路的进攻，迫使敌人收缩战线，惠、东、宝等地抗日根据地得到进一步的巩固和发展。

位于宝安（今广东深圳）白石龙村的广东人民抗日游击队总部所在地

　　1943年7月10日，尹林平致电周恩来，提出"我队面目公开对实际活动无碍"的建议。①同年8月23日，新华社在延安《解放日报》发表《国共两党抗战成绩的比较》和《中国共产党抗击全部伪军概况》，第一次向全世界公开宣布广九铁路地区有中国共产党领导的抗日游击队。随后，中共中央指示将广东人民抗日游击总队番号改称为"东江纵队"，发表成立宣言和领导人就职通电，正式公开宣布接受中国共产党的领导。9月20日，周恩来电复尹林平："纵队可以发表宣言，而且应该强调只有共产党领导的游击队才能在敌后存在和发展。"②

　　根据中共中央的指示，1943年12月2日，东江纵队在惠阳县土洋村（今属广东深圳宝安区）正式宣告成立，曾生任司令员，尹林平任政治委员，王作尧任副司令员兼参谋长，杨康华任政治部主任，下辖7个大队。东江纵队的成立，对东江抗日根据地军民是一个极大的鼓舞，在国内外产生了重大的政治影响，提高了中国共产党及其领导下的人民抗日武装队伍的威望，促进了东江人民抗日武装力量的发展和壮大，推动了东江敌后抗日游击战争的进一步开展。

　　东江人民抗日武装除了加强党的领导，健全党的领导机构和政治思

---

　　① 《林平致恩来电》，1943年7月10日，广东省档案馆藏。
　　② 《周恩来年谱》，第565页，人民出版社，1990年版。

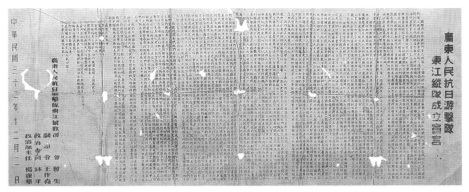

广东人民抗日游击队东江纵队成立宣言

想工作制度外，始终加强部队党的建设。东江纵队成立后，纵队政治部作出《关于目前党务工作的决定》，强调必须大力巩固和发展党组织，并指出"摆在全军党的面前的严重任务，就是健全党的组织生活，发挥领导核心的作用，加强党的领导核心和大量发展党员"①。各大队以党支部为核心、党员为骨干，在全军开展杀敌竞赛，在部队中形成了生动活泼的政治局面，有力地推动了部队的巩固和发展。据统计，东江纵队中党员人数占总人数的29%，完全达到了中共中央对部队党组织人数比例（25%）的要求。

1944年3月25日，东江纵队政治部发出《关于全队进行整顿三风的指示》，贯彻落实中共中央1942年在全党范围开展整风的精神，在东江纵队内部开展普遍深入的整风运动。通过整风，部队的政治思想建设得到加强，为进一步开展敌后抗日游击战争，打败日本帝国主义，夺取全国抗战胜利，打下了坚实的思想基础和组织基础。

随着部队的不断发展壮大，迫切需要培养大批干部并对部队干部战士进行政治、军事和文化教育，提高指战员的政治、军事素质，从而提高部队的战斗力，从政治上巩固部队。1944年7月，东江纵队正式成立了军政

---

① 《东江纵队政治部关于目前党务工作的决定》，1944年11月19日，广东省档案馆藏。

干部学校，王作尧兼任校长，从政治上巩固部队，对干部战士进行政治、军事和文化教育，提高指战员的政治、军事素质，提高部队的战斗力。军政干部学校分设政治队和军事队，培养连、排干部。

1944年7月25日，中共中央对开展广东敌后游击战争作出指示：日军打通粤汉路仍势在必得，你处工作应一本开展敌后游击战争之方针加紧进行；凡敌人向北侵占之区，只要其有久占意图，即应派出得力干部或武装小队至该地区与当地党员取得联系，尽力发展抗敌武装斗争；珠江三角洲及其以西地区亦有可能扩大现有武装，希望广东我党武装能扩大一倍，并提高战斗力。国民党军队所在地区，我地方党员仍应坚守隐蔽待机之方针勿变，但广东省临委可斟酌实情抽调一部分干部转至游击队受训，参加游击工作。①

1944年8月，中共广东省临委和东江军政委员会在大鹏半岛土洋村召开联席会议（即土洋会议）。会议强调加强广东党组织建设和军队建议，全面发展广东武装斗争。土洋会议的召开，对加强广东党组织建设、军队建设和抗日根据地建设，全面发展广东敌后游击战争，具有重要的战略意义。土洋会议是广东人民抗日武装发展的又一转折点，为广东人民抗日武装的全面发展指明了方向。根据土洋会议的精神，东江纵队的主要任务是在巩固和发展惠东宝抗日根据地的基础上，集中主力向

位于广东深圳大鹏新区的土洋会议旧址

① 《中央关于东江纵队开展敌后游击战争给林平的指示》，见《中共中央文件选集》第十四册，第297页，中共中央党校出版社，1992年版。

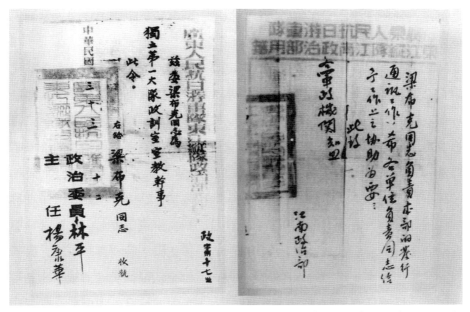

广东人民抗日游击队东江纵队委任状和介绍信（从左至右）

位于广东惠州博罗冲虚古观的东江纵队司令部旧址

北挺进，创建东江、北江间的抗日根据地，同时积极组织力量向东发展，创建东江、韩江间的抗日根据地。

1945年4月23日至6月11日，中国共产党在延安召开了第七次全国代表大会。1945年7月，广东省临委在博罗罗浮山冲虚观召开扩大干部会议（即罗浮山会议），广东省临委书记、东江军政委员会主任尹林平主持。会议传达贯彻党的七大会议精神，建立统一的全省的领导机构，部署进军粤北、开辟五岭根据地等工作。会议决定成立中共广东区委员会（简称"广东区委"），领导广东和华南地区的抗战工作，确定东江纵队司令部负责指导全省的军事工作。罗浮山会议是广东党组织历史上一次具有重要意义的会议。会议是在党的七大团结胜利精神指引下胜利召开的，克服了领导和工作作风上存在的不良倾向，提高了思想认识，明确了斗争任务与方向，为迅速打开新的斗争局面，建立强大巩固的抗日民主根据地，夺取抗日战争的最后胜利奠定了基础。

（三）东江纵队的经济保障和交通情报工作

东江纵队成立后，为巩固发展东江抗日根据地、加强部队的经济保障、扩大部队经费来源采取了一系列措施：实行了对敌经济封锁，统一了根据地税收，改革了税务机构，完善了税收机构和制度。[1]在原来税站基础上建立对敌封锁站，下设税务总站、中站和分站三级税务机构，制定了《东江解放区征收税率条例》，调整创建了路西、路东、惠东、博罗、港九等5个税务总站，下设13个中站、107个分站，配备5个税收武装排，11艘税收武装船，6个缉私队，并在珠江口设立海口税收队，税收人员有930多人，保障开展税收工作。通过建立对敌封锁站，消灭了土匪，保护了客商，广大群众和客商积极拥护并缴纳税款。据统计，宝安大队1943年税收

---

① 《中国共产党东江地方史》编纂委员会：《中国共产党东江地方史》，第290页，广东人民出版社，2001年版。

罗浮山会议报告摘录

已达710万元，港九大队1943年上半年的税收达505.5万元。东江纵队《关于征收税捐问题的指示》中提到：1943年，部队的供给，100%靠税收而来的。①除了税务收入之外，东江纵队还颁布条例，在解放区征收抗日公粮和田赋税，为部队的经济供给增添了新来源。1944年，东江解放区群众缴纳抗日公粮5万担，1945年增至20万担。此外，东江抗日游击队还设立被服厂、机械修配厂、鞋革厂等军需工厂，自产自用，节约开支。部队还组织了开荒生产运动，利用部队战斗间隙开荒种地，解决部队部分供给。

东江纵队成立后，设立卫生处，江风任主任，各大队设立医务所或医院。至1944年冬，发展到9个支队和6个独立大队，每个支队和独立大队内设有卫生机构，医疗机构逐步健全起来，部队医疗保障水平也有所提高。到1945年8月，东江纵队的医疗卫生人员达到200多人。

东江纵队成立后，司令部设立交通科和情报科，进一步加强交通情报

---

① 《关于征收税捐问题的指示》，见《东江革命根据地财政税收史料选编》，第106页，广东人民出版社，1986年版。

惠宝边区群众积极缴纳公粮

在艰苦的战争岁月里，群众拼死掩护游击队的伤病员、民运员，交通情报站、税站等。图为担架队正在集中

工作，并随着部队活动地区和根据地的扩大而不断延伸。以东江纵队司令部所在地为中心，不断增设通向各支队（大队）的活动地区的交通站和情报站，构成了四通八达的交通网络和情报网。东江纵队交通科共设立6个交通总站、44个交通分站，交通情报人员达200多人。东江纵队司令部设立情报总站，各支队或大队设立情报站，在敌占区的城镇据点设有情报站或派驻情报员，组成严密的情报网。东江纵队的情报工作，在敌后抗日游击战争和国际反法西斯战争中发挥了重要作用。

（四）东江纵队的敌后抗日游击战争

1. 广九铁路沿线的斗争

东江纵队成立后，东江纵队政治部发出指示，在新形势下必须形成广大群众拥军参军的热潮，必须用一切办法展开广泛宣传，使广大人民群众对抗战必然胜利、新民主主义必然胜利充满信心，提高群众参军的积极性，完成扩军任务。东江抗日根据地各地的部队在地方党组织和抗日民主政府的领导下，广泛开展扩军竞赛，人民群众踊跃参军，部队迅速得到发展壮大。仅半年时间，东江纵队由成立时的7个大队、3000多人，发展到9个大队、1个独立中队，近5000人。

东江纵队在积极开展扩军运动的同时，也组织各部队广泛开展敌后抗日游击战，开展杀敌立功竞赛，部队不断发展和壮大。活动在东宝地区第五大队、第三大队和独立第三中队挺进广九铁路樟木头到平湖路段两侧，粉碎日军的"大扫荡"，展开了打击广九铁路沿线敌人的斗争，队伍迅速壮大。1944年1月，第三大队攻击广九铁路常平车站，全歼伪军一个连。随后，以压力迫使驻常平伪军一个团投降。2月，第五大队在抗日自卫队配合下，袭击林村日军物资收集队。独立第三中队袭击平湖区伪政府和日军。2月下旬，各部队在广九铁路中段展开破袭，使铁路交通瘫痪。同时，对抢修铁路的日、伪军进行打击。3月，面对驻大朗伪军1000多人的攻击，第三大队诱敌深入，并在第五大队和抗日自卫队的协助下，歼敌两个连。5月，驻樟木头日军加藤大队500多人偷袭东莞梅塘，东江纵队机关和第三大队在当地抗日武装配合下与日军激战数日，毙伤日军近百人。日军大队长加藤逃回樟木头后，被迫自杀。在东江纵队的不断打击下，日军企图打通广九铁路的计划终于破产。

2. 路东军民反击顽军的军事进攻

正当东江纵队集中兵力在广九线上打击日、伪军的时候，国民党顽固派不断调集军队配合伪军向东江纵队进攻，顽军把进攻的重点指向坪山和大鹏半岛地区。

1944年初开始，顽军独立第九旅等部队先后在霞涌、巽寮、王母圩、大鹏城和水头等地向东江纵队护航大队发起进攻。遇坚决抗击，顽军的第一次进攻被击退。3月25日，顽军独立第二十旅一个团及徐东来支队和李乃铭大队，由淡水向大鹏半岛发动大规模进攻。东江纵队护航大队在径心、王母圩、坝岗一带山地及澳头的三间店，以麻雀战、伏击战骚扰和打击顽军，毙伤顽军70余人。顽军的第二次进攻又以失败告终。5月，惠淡

游击战士向广九铁路沿线进击

守备区调集顽军独立第九旅、第二十旅等部共2000多人分两路推进，对东江纵队发动第三次进攻。顽军企图将东江纵队路东部队围困至大鹏半岛一隅予以消灭。曾生、尹林平率领惠阳大队、护航大队、港九大队及抗日自卫队，以阵地防御和地雷战、麻雀战相结合的战术抗击顽军，打退了东西两路顽军的进攻，使顽军的军事行动一无所获。5月11日开始，路东顽军两次调集兵力发动进攻。东江纵队组织港九大队、护航大队、大鹏联防大队、惠阳大队对顽军部队展开多次反击，分别在径心、坝岗、淡水、良井和淡澳公路打退顽军的进攻。顽军屡遭打击后，于5月30日撤回淡水固守。至此，顽军持续一个月之久的对东江纵队的第三次进攻也被彻底粉碎。

3. 增博边游击基地的巩固和挺进广州外围的抗战

1943年秋，根据广东人民抗日游击总队向西发展、巩固增博边游击基地的战略方针，独立第二大队挺进罗浮山，在博罗福田和长宁一带打击日、伪军，开辟新区，建立和巩固增博边游击基地。1943年11月初，为沟通与东江纵队机关的联系，独立第二大队发动铁场战斗，歼敌伪县警中队，把活动范围扩大到东江一带。1944年初，打击企图重新占领铁场的日军，在上下南战斗中挫败日军多次攻击，毙伤日军30多人。4月初，大队短枪队和茄屋村抗日武装130多人，抵抗日、伪军200多人的进攻。独立第二大队利用村庄的有利地形，连续打退敌人多次进攻。通过一系列战斗，独立第二大队控制了铁场一带地方，沟通了与东江南岸的联系，对日、伪军形成了威胁。5月上旬，独立第二大队奉命向增城、从化、番禺及广州外围推进，连续打击日、伪军。延安广播电台和《解放日报》都报道了独立第二大队龙眼洞战斗胜利的消息。大队在广州外围的抗日活动，牵制了日军的力量。后来，东江纵队派曾文率领第三大队一个中队进入增博边开展活动。7月间，东江纵队又派韩继元、赖祥率领司令部警卫队和港九大队一个小队北渡东江，进入罗浮山西南、增江河以东地区，与当地活动的第三大队一个中队组建成东江纵队独立第三大队，阮海天任大队长，全队共200多人，在增城、龙门、博罗等地区活动。至此，增、龙、博地方武装力量得到加强，增博边游击基地得到进一步巩固。

4. 港九地区的反"扫荡"

东江纵队在港九地区的迅速发展和频频出击，使日军极为恐慌。为确保广九铁路线的畅通和港九地区的稳定，除在港九外围构筑工事、增加兵力、加强防御之外，日军还调集力量对港九地区进行频繁"扫荡"。1944年2月11日，日军出动1000多人，陆、海、空配合，对沙田、西贡地区进行为期17天的"扫荡"。日军采取"投石惊林""远道奔袭""分区拉网""中央突破"等战术，妄图将港九大队主力一网打尽。为了粉碎日军的"扫荡"，港九大队采取"围魏救赵"策略，长枪队转移到宝安展开外线作战，短枪队则进入九龙市区，军民协同，虚张声势，以内线袭扰方式，达到牵制敌人的目的，粉碎扫荡攻势。

4月间，从缅甸撤到香港的日军2000多人，纠合驻垃圾尾岛的伪军600多人，出动舰艇40余艘、飞机4架，对港九大队大屿山中队进行"大扫荡"。日军以舰队严密封锁海面，出动飞机狂轰滥炸，然后派遣步兵登陆"围剿"。面对日军大兵压境，大屿山中队化整为零，分散隐蔽。敌人开展"围剿"21天，都未能发现大屿山中队的活动踪迹，日军找不到"扫荡"目标，妄图消灭抗日武装的目的落空。

为牵制日军"扫荡"大屿山的行动，港九大队采取在市区积极主动打击敌人的行动。4月至6月间，短枪队袭击牛池湾哨所，西贡中队攻击官坑庙日军驻地，沙头角中队突袭元洲仔日军宪兵哨所，大屿山中队围攻塘福村和石壁村伪军、大澳镇伪警察局、马湾涌伪警察所、梅窝日军小分队等，一系列反"扫荡"行动共歼敌80多人，缴获长短枪80多支。在反"扫荡"的过程中，港九大队得到香港爱国同胞的支持，取得了斗争胜利，队伍也发展壮大起来。

5. 开展海上游击战

日军占领香港后，美、英对日宣战，美军不断出动飞机轰炸日军的海上运输。为了躲避轰炸，除继续使用大型运输船只，日军同时采用小型运输船、机帆船和风帆大木船，靠近海岸航行。为了打击日军的海上交通线，控制大亚湾和大鹏湾一带海域，东江纵队决定以海上独立中队为基础扩建成立护航大队，在大鹏半岛以东、大亚湾海域及稔平半岛一带活动。同时，港九大队组建一个海上中队和两个小队，在大鹏半岛以西的海域活动，威胁着日军的海上运输线。护航大队和港九大队海上中队通过在海上相互配合、相互策应，有力打击了日、伪海军及其海上运输活动。

驻大埔等地的日本海军炮艇加强了海上巡逻，妄图消灭东江纵队海上部队，保海上运输安全。1943年2月，港九大队海上中队4艘武装船出海巡逻，在平洲海面与日军2艘炮艇遭遇，重创日军炮艇，毙伤日军多人。7月间，护航大队探悉大鹏湾里岩角有一艘日军运输船停泊修理，遂出动5艘

广东人民抗日游击队东江纵队部分指战员

武装船利用夜色隐蔽接近敌船，全歼船上的日军水兵，俘日军水兵7人，缴获全部武器和物资。

日军在争夺大鹏湾、大亚湾控制权的同时，收编红海湾龟龄岛海匪100余人，编为广东反共救国军海军第四大队，并指示由红海湾窜入大亚湾，驻在马鞭岛一带海域，企图控制大亚湾海域。7月6日，东江纵队护航大队奉命夜袭马鞭岛，一举全歼伪海军大队，拔掉日军设在大亚湾的据点，使东江纵队海上部队在大鹏湾和大亚湾出入自由。至此，伪军再也不敢向大亚湾进犯，护航大队在平海、巽寮等地建立基地，牢牢控制大亚湾海域。日军不甘心失去大鹏湾、大亚湾海域控制权，与东江纵队进行了反复争夺。1944年5月，当护航大队等部队在路东反击国民党顽军部队的军事进攻时，日军派出机帆船进入坪洲海域，企图夹击东江纵队路东部队。港九大队海上中队立即出动武装船迎击，打退了日军的进攻。随后，为了保护其海上交通线，切断惠宝沿海抗日根据地与港九根据地的海上联系，日军组成海上挺进队。8月16日，港九大队海上中队出动武装船，夜袭日

西贡是香港—惠阳水路交通的必经之地。图为西贡湾

军海上挺进队，击沉敌船3艘，毙伤俘敌38人，缴获轻机枪2挺、冲锋枪4支、长短枪25支。翌日晨，日军派炮艇增援，港九大队海上中队在海岸上狠狠还击，迫使日军炮艇回撤。

东江纵队护航大队和港九大队的海上部队，在大亚湾和大鹏湾海域开展游击战，发展海上抗日武装，有力打击了日军在这一带海域的交通运输，为东江抗日根据地的发展和巩固，为保障东江纵队的经济供给，作出了特殊的贡献。

东江纵队的铁血忠魂

在波澜壮阔的中国抗日战争史上，东江纵队以其英勇斗争和铁血忠魂，铸就了华南敌后战场的不朽丰碑。作为中国共产党领导的重要抗日武装，东江纵队在华南战略要地牵制日、伪军10余万兵力，歼敌2万余人，与八路军、新四军并称"中国抗战的中流砥柱"。其发展历程与精神内核，深刻诠释了中国共产党与人民群众的血肉联系。

1938年10月，日军从大亚湾登陆，华南危在旦夕。归侨将领曾生率60余名党员和进步青年返回惠阳，于同年12月成立惠宝人民抗日游击总队，成为东江纵队的雏形。这支以知识分子、归侨、妇女和青少年为主力的队伍，依托群众支持，逐步壮大为华南抗日劲旅。1943年，东江纵队正式成立，成为华南敌后抗战的核心力量。

1941年底，日军占领香港，大批文化精英身陷险境。周恩来亲自部署营救行动，八路军驻香港办事处主任廖承志统筹指挥，东江纵队承担了转移重任。游击队员化装潜入敌占区，以惠州东湖旅店为秘密中转站，借国民党驻军眼皮下的"最危险之地"掩护，成功将茅盾、柳亚子等800余位文化界知名人士和爱国民主人士、国际友人及其他人士分批护送至后方。这场历时半年、跨越万里的"文化大营救"，被茅盾誉为"抗战以来（简直可说是有史以来）最伟大的抢救工作"①，彰显了东江纵队非凡的智慧与牺牲精神。

东江纵队的铁血忠魂，凝结于无数个体的奉献中。司令员曾生以学识与胆略引领队伍发展；革命母亲李淑桓忍痛将7名子女送上战场，三人与她本人壮烈牺牲；爱国华侨与港澳同胞逾1500人毅然返乡参战，用生命诠释赤子之心。他们的选择，是民族大义高于个人安危的缩影，更是中国共产党领导下全民抗战的生动写照。

东江纵队的历史证明，中国共产党的领导是敌后抗战胜利的根本。群众的支持赋予其力量，指战员的信仰铸就其忠魂。这支队伍不仅是广东解放的旗帜，更以国际视野成为反法西斯统一战线的重要一环。回望这段烽火岁月，东江纵队的精神遗产——坚定信念、无畏牺牲、团结群众，仍为今日奋进之路提供不竭动力，其铁血忠魂，将永远镌刻在民族复兴的史册之中。

扫码观微课｜《东江纵队的铁血忠魂》

---

① 李际卫：《东江纵队港九独立大队红色抗战文化的传承与发展》，见《云南社会主义学院学报》编辑部：《云南社会主义学院学报》2021年第4期（总第92期），第105页。

四、东江抗日根据地的建设

（一）抗日民主政权的建立

中共中央对抗日根据地和抗日民主政权的建设高度重视，对东江地区抗日根据地建设作出专门指示。1943年，尹林平就在东江抗日根据地建立和扩大抗日民主政权问题请示中共中央。1944年1月31日，中共中央发出《关于东江游击区建立抗日民主政权问题》的指示。东江纵队政治部向全军传达：凡是部队所到之处，立即宣布废除国民党统治时期的一切不合理的制度和苛捐杂税，发动群众组织起来，建立民主政权；在老区凡是未成立民主政权的地方，立即成立，有计划地组织地方武装，积极大胆地提拔

位于广东惠州惠阳永湖麻溪燕贻学校的路东行政委员会旧址

地方干部。^①以民主政权为机构，进行抗日根据地的建设，使东江抗日根据地成为有武装、有政权、有广大群众基础的抗日根据地。

1944年7月，东宝行政督导处在路西解放区成立，下设政治科、财经科、民政科、司法科、宣教科、税务科及武装部、政工队和新大众报社。全区共有43个乡政府，人口60余万。1945年4月，在路东解放区成立路东行政委员会，下设民政科、文教科、财政科、军事科、建设科，同时设立路东人民抗日自卫总队，管辖范围包括港九一带。全区共设立6个区政府和33个乡政府，人口约58万。1945年6月间，在海丰县大安峒田心坑成立海丰县民主政府，人口约20万。1945年7月7日，在罗浮山成立博罗县民主政府，下设军事科、教育科、民政科和田赋征收处，设立区、乡、村政权，下辖14个乡，人口约14万。

东江抗日根据地所建立的抗日民主政权，是在中国共产党领导下，联合抗日的各阶层人士组成的统一战线的民主政权。这个政权代表广大人民群众的利益，人民群众享有真正的民主自由。东江抗日民主政权的根本任务是组织群众、武装群众、支援抗日部队，对汉奸和反动派实行专政，保卫人民的民主权利，维护社会治安，保护人民利益和根据地的各项建设事业。

1945年4月，东江纵队政治部根据中共中央关于"抗日统一战线的施政方针，应以反对日本帝国主义，保护抗日的人民，调节各抗日阶层的利益，改良工农的生活和镇压汉奸、反动派为基本出发点"^②的指示精神和"孙中山先生的三民主义，本党的抗日民族统一战线方针，抗日救国十大纲领，及国民政府抗战建国纲领，与本区实际情况"^③，提出了东江抗日

---

① 《中国共产党东江地方史》编纂委员会：《中国共产党东江地方史》，第305-306页，广东人民出版社，2001年版。

② 《抗日根据地的政权问题》，见《毛泽东选集》第二卷，第743页，人民出版社，1991年版。

③ 《东江纵队政治部对于建设惠、东、宝路东区的施政纲领》，见中共惠阳市委党史研究室：《惠阳党史》1995年第1期，第26页。

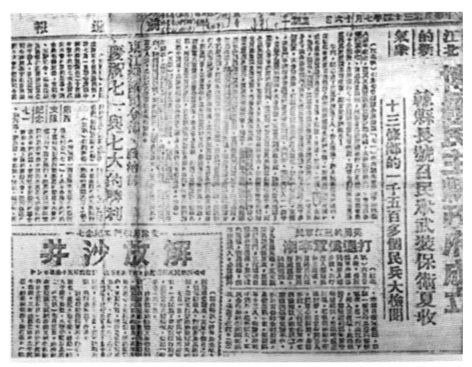

根据地的施政纲领。

东江抗日民主政权施政纲领的颁布和实施，对于巩固和发展抗日民主政权，巩固和扩大抗日根据地起到了重要作用。它标志着东江抗日民主政权和抗日根据地的建设，发展到一个新的阶段。

（二）开展减租减息运动

减租减息是中国共产党在抗日战争时期处理土地问题的基本政策。1942年1月28日，中共中央发布《关于抗日根据地土地政策的决定》，决定在抗日根据地停止没收地主土地，实行减租减息的政策。东江纵队成立后，东江抗日根据地减租减息工作开始逐步开展。1944年春，东江纵队政治部先后派出民运工作队，在路西的燕林、黄田及新二区进行试点。

7月，成立路西行政督导处，召开党政军联席会议，讨论和总结减租减息试点工作经验。1945年3月9日，东江纵队政治部颁布《减租减息暂行条例》，4月29日又颁布《土地租佃条例》和《退租退息实施条例》，对减租减息、交租交息，地权、佃权等政策作了明确的规定：减租的原则是"二五"减租，即原有的租额减少25%，使佃农所得一般占全年总收获量62.5%，地主所得一般占全年总收获量的37.5%，最少不低于30%。实行减息的原则是月利息不超过4分，若历年所付利息超过原本一倍者，停息还本，超过原本两倍者，本息停付。[①]为了团结地主抗日，民主政府规定农民应交的租息不得拖欠。通过减租减息，减轻了农民的负担，调动了群众拥护抗日民主政府和参加各种抗日救亡团体的积极性，加强了敌后抗日游击战争的群众基础。

（三）抗日根据地的经济建设

抗战初期，东江人民抗日游击队的财政开支，绝大部分由华侨和港澳同胞捐赠而来。1941年12月，太平洋战争爆发后，华侨与祖国大陆的联系中断，华侨和港澳同胞的经济援助大大减少，东江抗日根据地在财政经济上日益困难。在这样的形势下，东江抗日根据地根据"发展经济，保障供给"的财政经济总方针，发动和组织群众，自力更生，发展经济，努力保障根据地的军民供给，支持长期抗战。

由于连年战争的破坏，日、伪、顽军和土匪的掠夺，使东江游击区的生产遭受不同程度的破坏。1942年和1943年连续两年的大旱灾，土地失收，粮食奇缺。面对严重的经济困难，东江抗日根据地各级民主政府采取鼓励开荒、组织生产救济、提倡集体互助、发展手工业、商业合作社等措施，使抗日根据地的生产逐步得到恢复和发展，财政经济困难得到缓解。为了进一步发展经济，保障部队供给，广东省临委和东江军政委员会还作

---

① 《路东民主政治的新阶段·退租退息实施条例》，1945年5月，广东省档案馆藏。

出了关于财政经济工作的决定，制定了"力求自给，减少人民10%的经济负担""发展私人经济，普遍成立生产消费合作社，实行公私兼顾、军民兼顾的发展方针"等具体方针。

东江抗日根据地各级民主政府根据经济工作的方针，领导抗日军民发展生产，成立生产建设总会，负责领导群众发展生产；发行公债，成立生产救济会和生产基金会解决生产资金问题。路东行政委员会发行生产建设公债，筹集生产救济款97万余元，借得谷种5100余斤，贷给农民款项60多万元，受救济的农民达4200多人。东江抗日根据地还组织变工队，提倡农民"搭牛脚"，解决劳力和耕牛不足的问题。同时，鼓励和组织群众开荒，谁开谁种，谁种谁收，免征田赋税。东莞连平乡大横村出动70余人，两天开荒14亩，很快在抗日根据地中掀起开荒扩种热潮。

东江抗日根据地的党政军民还响应毛泽东发出的"自己动手，丰衣足食"的号召，在"劳动与武力结合""战斗与生产结合"的口号下，掀起了大规模生产运动。活动在路东、路西的东江纵队各支队成立生产劳动委员会，各大队组织生产劳动委员会分会，各连队选举生产劳动执行委员会，以改善生活和公私兼顾为原则，支队生产收益的95%归公，5%用于改善生活；大队生产收益的85%归公，15%用于改善生活；连队生产收益的40%归公，60%用于改善生活。为提高生产积极性，支队还开展生产竞赛活动，以大队、连队为单位，评选出生产模范大队和生产模范连队及生产模范。总之，抗日根据地的经济建设和生产运动，为巩固根据地民主政权，渡过严重困难，支持敌后游击战争，为争取敌后抗日游击战争的胜利奠定了物质基础。

（四）抗日根据地的文化教育建设

1. 报刊宣传

1941年1月，第三大队在东莞大岭山根据地创办《大家团结》周报。

3月，第五大队在宝安阳台山根据地创办《新百姓》报。七八月间，东江人民抗日游击队将《大家团结》周报和《新百姓》报合并，报名仍为《新百姓》。同时组建前敌出版社，负责出版和发行根据地报纸。由于日、伪、顽军向根据地不断发动进攻，报社流动于东莞大岭山和宝安阳台山一带，出版时断时续。《大家团结》周报出版了20期，《新百姓》报出版了36期。太平洋战争爆发后，经香港秘密大营救营救出来的著名文化人邹韬奋、茅盾等，来到根据地参观了新百姓报社，赞扬东江抗日根据地在艰苦条件下办报所取得的成绩。邹韬奋建议将《新百姓》报改名为《东江民报》。

1942年初，抗日军民在东江敌后抗日游击战争中建立了惠阳、东莞、宝安抗日根据地，部队扩编为广东人民抗日游击队总队。3月9日，总队部将《东江民报》改名为《前进报》，作为总队机关报。报社仍然随部队流动于惠阳、东莞、宝安一带，在相当困难的情况下坚持出版。1945年3月，前进报社随东江纵队司令部进驻罗浮山，报社规模进一步完善和扩大，设有编辑部、出版部、发行部、印刷厂、油印室、资料室。报社在路东、路西、江北根据地各区派驻记者，共有工作人员四五十人，并设一个连队担任警卫任务。

东江抗日根据地创办的《前进报》，在华南地区有相当的影响力。《前进报》刊登了广东党组织和东江纵队领导人的文章、讲话，发表了100多篇社论，及时报道了东江抗日根据地的新闻，宣传了中国共产党的抗日主张、方针和政策。从1942年3月至1945年9月，《前进报》共发行100多期，发行范围不仅在东江抗日根据地，还扩散到珠江、粤中、粤北、西江、韩江、南路等地抗日游击区。抗日战争胜利后，《前进报》一度分别刊出江南版和江北版。1946年6月，东江纵队北撤山东时，《前进报》随之停刊。此外，东江抗日根据地还先后出版过《东江》《奔流》《抗日杂志》《锻炼》《新大众报》等报刊，它们共同组成抗日根据地抗日宣传的重要工具。

2. 文艺宣传

东江地方组织和东江人民抗日武装十分重视抗日文艺宣传工作，把文艺宣传作为开展思想政治工作、组织教育群众、鼓舞士气的有力武器。早在1938年12月，东团在东江地方组织的指导下成立了东江流动歌剧团和惠青剧团，在东江地区开展抗日救亡宣传演出活动，发动组织群众参加抗日民族统一战线。1943年初，东江抗日根据地初步建立后，广东人民抗日游击总队再次成立东江流动歌剧团。1944年10月，东江纵队在大鹏湾建立了以"拖拉机"为代号的政工宣传队，各支队成立了以"铁流""海燕""星火""马达"等为代号的政工宣传队，1945年8月，集中起来成立了鲁迅艺术宣传队。

文艺宣传队坚持"文艺为工农兵服务"的方向，在东江抗日根据地广泛开展文艺宣传活动，发挥宣传队、民运队、政工队、战斗队的作用。结合敌后抗日游击战争和抗日根据地的斗争实际，文艺宣传队编写和演出大量题材广泛、形式多样的文艺节目，深受根据地群众和部队战士的喜爱和

东江华侨回乡服务团向群众作抗日救亡宣传

欢迎。他们先后演出的主要剧目有《新的区长》《生面人》等话剧和《奇袭南头》《邹韬奋之死》等短剧。东宝行政督导处天府政工队演出了《狮子打东洋》《攻克柏林》，星火政工队演出了《上当了》，马达政工队演出了《河边对口曲》《争取反攻胜利》等剧目。文艺宣传队除了编写、演剧外，还在抗日根据地军民中开展歌曲演唱活动。除了演唱抗战中流行的救亡歌曲，东江纵队前进报社的石铃曾创作了几十首反映根据地和部队战斗生活的歌曲，并编印成册，广泛传唱，如《东江赞歌》《梧桐山颂》《胜利反扫荡》等。这些歌曲不但在部队中演唱，而且通过儿童团、青救会、妇女会等团体演唱，在根据地群众中广为流传。

文艺宣传队深入部队，行军时开展宣传鼓动工作；战斗时送饭送水，护送伤员，甚至直接参加战斗；平时为部队开展文艺活动，上文化课，帮助战士写家书。文艺战士成为提高部队战斗力的得力助手，在战斗间隙宣传发动群众参加生产劳动，协助群众组织抗日群众团体，开办夜校、识字班，进行扩军筹粮工作。在开展减租减息运动中，文艺宣传队员通过家访，联系和发动群众，开会宣传"谁养活谁"，协助农抗会和民主政府召开佃东大会，开展减租减息运动。文艺宣传队把文艺宣传作为一种斗争武器，在加强部队、民主政府与人民群众的联系方面发挥着重要作用，成为东江抗日根据地和人民抗日武装中的特殊力量。

3. 文化教育

文化教育工作是东江抗日根据地建设的一个重要方面。为了加强东江抗日根据地的文化教育建设，各级抗日民主政府都设立了文化教育机构，县级民主政府设宣教科，区政府设文教股，负责开展民众文化教育事业。比如，路东行政委员会新二区政府成立后，就召开全区文教座谈会，决定坚持办好战时全日制学校，大力发展夜校、识字班，推进文化教育事业。东宝行政督导处建立后，在路西各区、乡普遍办起了小学，还举办夜校、识字班扫除文盲，把普及文化教育作为对广大群众进行抗日救亡宣传、提高民众文化水平和政治觉悟的事业。1945年春,路西解放区各界人士捐款66万元,在宝安县公明圩水贝村创办东宝中学,这是东江抗日根据地民主政府直接创办的第一所新型中学,学制两年,开设两个中学班、一个升中班、一个师范班,学生最多时有130多人,除学习文化课程之外,增设政治常识、社会发展史、哲学及农业生产知识等课程。在路东解放区,民主政府全面恢复了遭受破坏的小学教育,在新坪约场建立了颇具规模的联合中学。

东江抗日根据地各县、区民主政府建立后,先后成立了文艺宣传队和剧团,与东江纵队的政工宣传队一起,开展抗日宣传文化活动,使根据地的文化教育事业更具特色。惠东行政督导处积极组织教师、学生和农村青年开展文化娱乐活动,演出街头剧,教唱抗日歌曲,深入农村举办群众文艺晚会,把抗日文化推向社会。东宝行政督导处建立了以"天府"为代号的政工队,东宝中学也成立了五四剧团,编写、演出以东宝行政督导处建政一年为题材的话剧《路西一年》《太阳照耀大岭山》《模范军人》等剧目,宣传抗日民主政权。东江抗日根据地的文化教育工作是根据地建设的重要组成部分。它对宣传中国共产党的政治主张和各项方针政策,团结人

位于广东惠州博罗罗浮山的东江纵队纪念馆

民、教育人民，坚持抗战，打击敌人、瓦解敌人，进而巩固抗日根据地，起到不可忽视的积极作用。东江纵队创建的敌后抗日根据地，成为中国共产党在华南敌后的重要支撑，也成为中共中央派遣八路军南下支队，部署建立五岭根据地的决策依据。

东江纵队沉重打击了日、伪军，牵制了日军大量兵力，支持了全国抗日战场，也配合了世界反法西斯战争，有力配合和支持了抗战全局，党中央、中央军委给东江纵队和琼崖纵队的电报给予了高度的评价和充分肯定，提出："自广州沦陷后，迄今六年，你们全体指战员在华南沦陷区组织和发展了敌后抗战的人民军队和民主政权，至今已成为广东人民的旗帜，使我党在华南政治影响和作用日益提高，并成为敌后三大战场之一。"①

1945年8月15日下午3时，中国解放区抗日军总司令朱德电令南京日军最高指挥官冈村宁次："……你应下令你所指挥下的一切部队，停止一切军事行动，听候中国解放区八路军、新四军及华南抗日纵队的命令，向我方投降，除被国民党政府的军队所包围的部分外……在广东的日军，应由你指定在广州的代表至华南抗日纵队东莞地区，接受曾生将军的命令。"②东江纵队各支队、大队立即坚决执行命令，集结主力，向东江两岸、广九铁路、广汕公路两侧和沿海的敌伪据点发起全线反攻，迫使日、伪军放下武器缴械投降，取得了全面胜利。

---

① 《中共中央军委关于华南根据地工作给曾生、冯白驹等的提示》，见《中共中央文件选集》第十四册，第279页，中共中央党校出版社，1992年版。
② 《朱德总司令命令冈村宁次投降》，见《南方局党史资料》第四册，第81页，重庆出版社，1990年版。

烽火铸忠魂，建设写新篇

　　在岭南的红土地上，曾光和张苞的名字，如同东江的水，静静流淌却滋养着一方山河。他们从战火中走来，带着弹痕与信念，又在和平年代以另一种方式守护着这片土地——一个修渠引水，润泽万家；一个戍海练兵，守望安宁。

　　1963年，香港遭遇百年大旱。中央紧急决策建设东深供水工程，将东江水引往香港。经历战场烽火硝烟的原东江纵队老战士曾光担任工程建设总指挥，这位久经沙场的老兵在当年浴血搏杀的战场上带着勘测队爬高山、探河谷，完成了各种比例的测量面积共476.5平方千米，钻探深度近万米，经过深度探讨、慎重比较，形成施工方案。在建设者们万众一心的不懈努力下，从旗岭到深圳水库，工程克服了5次强台风和多次暴雨洪涝，6座拦河坝、8级抽水泵站、17座大型闸门、2宗调节水库和16千米人工河道全部如期完成施工任务，顺流的东江水自此由北向南倒流上山，使"令高山低头，让河水倒流"①的壮志豪情成为现实。

　　1962年10月7日，一支国民党特遣队在大雾的掩护下悄悄潜入港口小星山岛。面对突如其来的威胁，港口民兵连迅速反应，22名民兵在没有任何外援的情况下，主动出击，与敌人展开了长

----

　　① 中共水利部综合事业局委员会《中共水利部综合事业局委员会关于转发〈水利部关于在全国水利系统广泛开展向"时代楷模"东深供水工程建设者群体学习活动的决定〉的通知》（综党函〔2021〕19号）。

达11个小时的激战，成功击毙敌人3名、俘虏9名，缴获了大量武器弹药和电台等战利品。然而，胜利的背后也付出了沉重的代价，民兵连长张苞在战斗中英勇牺牲。从抗日战场到海防前线，这位从东江纵队走来的老兵用生命诠释了什么是永不褪色的忠诚。没有豪言壮语，有的只是一个老兵的本分——只要祖国需要，随时准备挺身而出。

从战场到工地，从钢枪到铁锹，他们的人生从未褪色。曾光修的是水脉，张苞戍的是海疆，而他们共同浇筑的，是一座精神的丰碑——烽火中锻造的忠诚，在建设的年代依然炽热如初。

扫码观微课 | 《让高山低头，令河水倒流》
《"南海长城"的坚守与传承》

第五章

东江全境的解放

　　东江全境的解放，是中国共产党领导人民浴血奋战的壮丽篇章。从东江纵队北撤到全境解放的历史，不仅是一部波澜壮阔的斗争史，更是一堂深刻的党性教育课。其中蕴含的理想信念、人民情怀和担当精神，为新时代党员干部锤炼党性提供了丰厚滋养。

　　东江地区的解放历程展现了共产党人"革命理想高于天"的坚定信念。1946年东江纵队北撤后，国民党在东江地区实施血腥"清剿"，河源县七娘礤村被烧毁房屋69间，3000多人流离失所；东莞大岭山党组织负责人李牛等遭酷刑杀害。但共产党人并未屈服，严尚民、蓝造等工委书记带领武装小分队"住石洞、茅寮，吃山果、野菜"，在九连山、大南山等地展开隐蔽斗争。他们以坚定的信念、无畏的精神、勇敢的战斗，诠释了对党的绝对忠诚。

　　东江地区的解放历程诠释了党与人民血脉相连的骨肉深情。1949年迎军支前运动中，东江群众"宁愿以杂粮充饥，也将主粮交出来"，九连地区出动8万民工修路架桥，海丰、陆丰群众组成茶水队、洗衣队支援前线。从反"三征"斗争中"破仓分粮6000余担"，到政权建设中吸收民主人士、归侨代表参与，东江党组织始终将群众利益放在首位，书写了"江山就是人民，人民就是江山"的生动注脚。

东江地区的解放历程淬炼出了"越是艰险越向前"的担当精神。东江纵队北撤后，面对国民党军的重重围剿，隐蔽在各地的小分队团结一致开展活动，做到"火种不灭"，恢复武装后在沙鱼涌战斗中首战全歼守敌327人。粤赣湘边纵队成立后，以"狭路相逢勇者胜"的气魄灵活机动地打击、消灭敌人，1949年夏季攻势中，各部队密切配合，先后实施老隆包围战、蓝口阻击战等战斗，在激烈战斗中，第三团排长、战斗英雄曾超常等10余人血战牺牲，最终实现了老隆、五华、和平等县的完全解放，充分彰显东江共产党人"扛得起千钧担、闯得过万重关"的政治品格。

今天，虽然像战争年代那种血与火的生死考验少了，但具有新的历史特点的伟大斗争仍然在继续，我们正面临着一系列重大挑战、重大风险、重大阻力、重大矛盾的艰巨考验。没有坚定的理想信念，就会在乱云飞渡的复杂环境中迷失方向、在泰山压顶的巨大压力下退缩逃避、在糖衣炮弹的轮番轰炸下缴械投降。我们要始终以坚定的马克思主义信仰锚定前行坐标，做"两个确立"的忠诚捍卫者、"两个维护"的模范践行者。唯有将理想信念转化为不可撼动的政治定力，将人民情怀落实到纾困解忧的具体行动，将担当精神体现为改革攻坚的实际成效，方能在大变局中把握历史主动，在新征程上赢得更大荣光。

一、东江纵队北撤后的东江形势

（一）东江纵队胜利北撤

为争取和平，以毛泽东、周恩来、王若飞为代表的中国共产党代表团奔赴重庆，经过长达43天的艰苦谈判，于1945年10月10日与国民党蒋介石签署了《政府与中共代表会谈纪要》（即《双十协定》），国民党表面上同意和平团结，背地里却调集重兵完成内战部署。为了揭露国民党反动派阴谋，中国共产党在解放区政权与人民军队问题上作出让步，将广东、浙江、苏南等8个解放区的军队逐步撤退至陇海路以北及苏北、皖北的解放区。[①]但国民党为巩固后方基地，一直密谋消灭广东人民武装力量，国民党广州行营主任张发奎调兵遣将，以优势兵力进攻广东解放区，扬言两个月内肃清人民武装力量，广东内战全面爆发。

东江地区是广东区委和东江纵队领导机关所在地，国民党军队力量强大。针对东江地区的特殊情况，早在1945年8月26日，中共中央在《关于与国民党进行和平谈判的通知》中指出，广东等地区的同志工作困难，要做到独立地分析环境、解决问题、冲破困难，要依靠自己手里的力量、依靠人民。并于9月10日致电广东区委和尹林平，指示采用分散坚持的办法，要求讨论后制定工作计划。广东区委据此制定了新的方针策略，"一方面是坚持斗争，保存武装，保存干部；一方面是长期打算准备将来合法的民主斗争。"[②]随后，广东区委将全区划分为粤北、江南、江北和海陆惠紫五4个地区，建立对应的地委（特委）和指挥部。东江纵队各部队进

---

① 《东江纵队史》编写组：《东江纵队史》，第358页，广东人民出版社，1995年版。

② 《广东区党委对广东长期斗争的工作布置》，1945年9月20日，广东省档案馆藏。

行整编，广东区委和东江纵队领导机关于10月下旬由罗浮山转移至大鹏半岛，指挥东江党组织和各部队的自卫斗争。

11月起，国民党广东当局采取一系列大规模的军事行动。为打击敌人的嚣张气焰，东江纵队展开机动防御作战。给敌人以巨大杀伤后，向外线转移。在东、宝地区，敌人出动空军，分兵把守交通要道，构筑工事。尹林平、曾生指挥主力部队突围，转至外线开辟新的活动区域。12月30日起，区党委机关转移至香港。林锵云、王作尧和杨康华率领粤北指挥部所属部队分散在从化、江西崇义、湖南汝城、和平、河源等地，开辟粤赣湘边游击根据地，东江纵队第三支队北上，开辟湘粤赣边游击区等，推动初步形成粤赣湘边游击基地。江北指挥部所属部队活动于广州周边，直接威胁国民党在广东的统治中心。为确保广州的安全，国民党先后调集重兵对江北部队进行反复的"围剿"，都被江北部队一一粉碎。江南指挥部在大鹏半岛、三门岛等地活动，坚持到北撤，东进指挥部所属部队在河源、五华、紫金、博罗等地活动，开辟根据地。积极的自卫斗争挫败了国民党广东当局消灭东江纵队主力的阴谋，为北撤谈判斗争创造了有利条件，也为以后人民战争恢复和发展武装斗争打下了基础。

《政府与中共代表会谈纪要》公布之后，国共两党代表就一些悬而未决的问题继续进行谈判，于1946年1月5日初步达成停止国内军事冲突的协议。1月10日，国共双方正式签订停战协定，下达停战令，并由中共代表周恩来、国民党政府代表张治中、美国代表马歇尔组成"三人小组"，三方同时派出代表在北平组成军事调处执行部（简称"军调部"）。25日，

军调部使用的臂章

由中共代表方方少将、国民党政府代表黄维勤少校（后由罗晋淳接替）、美方代表米勒上校组成的北平军调部第八执行小组（简称"第八执行小组"）到达广州，监督广东停火问题。

但蒋介石早在停战命令发布前，就密令广州行营主任张发奎"限于一月底肃清东江游击队"①。1月15日，国民党广东当局调集部队，分三路向东江下游惠、东、宝地区进攻，妄图在第八执行小组到达广州之前将东江纵队消灭。第八执行小组到达广州后，国民党广东当局严密封锁信息，阻拦外界与第八执行小组接触，干扰北撤工作，并大肆制造舆论，矢口否认广东有中共领导的抗日武装的存在，叫嚣广东没有中共武装、没有东江纵队，更不存在执行停战令的问题，还多方拦阻前来参加谈判的东江纵队代表。同时向其各部队下达限期"肃清"中共武装部队的紧急命令，调集海、陆、空三军部队，企图一举歼灭东江纵队，2月14日，调集武装进攻大鹏半岛解放区、海陆惠紫五边区等地，以证明其"广东无中共军队"的谎言。

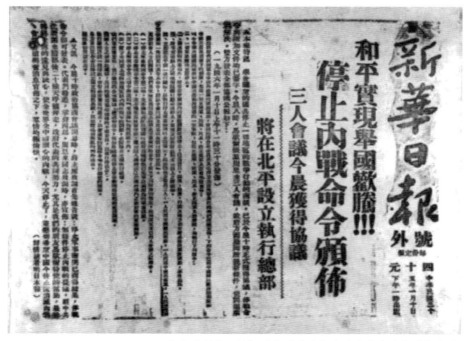

重庆《新华日报》刊载《政府与中共代表会谈纪要》全文

中共中央和广东区委积极采取应对措施，针对国民党军队的军事行动指示东江纵队采取自卫原则，给予其沉重打击，同时动员社会舆论揭露国民党反动派的恶行。2月12日，中共代表方方致电军调处执行部说明国民党部队进攻解放区的阴谋并呼吁广东的和平，周恩来在重庆向国民党军事当局提出抗议。2月13日，延安《解放日报》发表《华南抗日游击队的功绩》一文，介绍东江纵队的抗战情况和主要功绩，并要求第八执行小组必须立即制止该地区国民党军队向东江纵队进攻，执行停战命令。16日，中共中央发言人明确强调中共领导的广东华南抗日纵队，自抗战爆发以来就已经开始组成并进行了英勇顽强的斗争，要求遵照停战命令推动广东和平。19日，广东区委发言人通过《华商报》发表谈话，列举东江纵队在抗战中的战斗，陈明事实，呼吁全国各界采取种种方法揭露国民党军队违反停战协定的阴谋。中国民主同盟港九支队、香港同胞，新加坡、马来西亚等地华侨华人以及何香凝、蔡廷锴等社会各界知名人士通过发表声明、通电全国等方式表达对广东人民武装的支持。3月11日，广东区委书记尹林平突破重重阻挠在重庆举行的中外记者招待会上，揭露国民党广东当局发动内战、阻拦第八执行小组开展工作的卑劣行为。3月18日，中共代表团团长周恩来在重庆再次举行记者招待会。尹林平在招待会上再次列举大量事实，揭露国民党广东当局进攻东江纵队，破坏停战协定，挑动内战的事实真相。周恩来在会

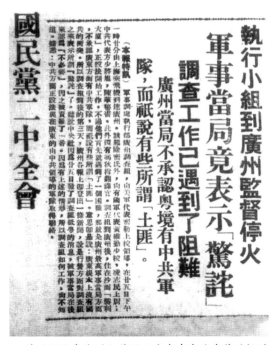

关于国民党广州行营否认广东有中共武装的报道

议上代表中国共产党"号召全国人民、盟邦朋友、各党派朋友，一致起来拥护并监督政协全部协议的实现"。①

在多方力量的共同努力下，东江纵队北撤问题终于在4月2日达成协议，确定：一、承认华南有中共领导的抗日武装力量；二、双方同意东江纵队北撤2400人，不撤退的复员，发给复员证，政府保证复员人员的生命安全，财产不受侵犯，就业居住自由；三、东江纵队撤退到陇海路以北，撤退运输船只由美国提供。②

协议签订后，中共代表就东江纵队的集中地点、军事分界线、行军路线、复员人员粮款等问题继续与广州行营代表展开谈判，克服了重重障碍完成了协议细则。

—————— 1946年8月15日，香港《华商报》发表《东江纵队北撤人员紧要通电》

5月25日起，东江纵队北撤人员按照北撤协议分别从粤北、粤东等地出发，集中赶赴大鹏湾。国民党广东当局野心不死，秘密在北撤部队各集结点和行军路线上加强兵力部署，制造事端。东江纵队的江北部队、粤北部队先后遭受国民党军第一五三师、第一三一师、保安第七团等部的袭击。6月2日，江北部队一部分行进到增江河畔沙塘圩时，遭

① 《解放日报》，1946年3月22日。
② 《中国共产党东江地方史》编纂委员会：《中国共产党东江地方史》，第368页，广东人民出版社，2001年版。

遇突袭，导致8人牺牲、7人被捕，枪支物资损失惨重；江南部队由于国民党当局的刁难，拖延了半个月的时间才先后到达指定的集结地点；粤北部队在沿途遭遇了国民党部队的多次围攻，甚至有谍报特务潜入队伍图谋刺杀指战员，战斗中刘锦进（刘黑仔）等人壮烈牺牲；海陆惠紫地区东进指挥部率领的部队在惠东园潭遭遇突袭，部队自卫还击击溃来犯之敌，还缴获了国民党向东江纵队进攻的命令。尽管遭遇阻拦，但东江纵队各路武装坚持大局为重，采取有理、有利、有节的斗争方式，冲破重重阻碍，胜利抵达集结地点大鹏湾葵涌（今属广东深圳）。

6月29日，东江纵队2583名指战员（其中包括珠江纵队、韩江纵队、南路、桂东南部队骨干160人），在曾生、王作尧、林锵云、杨康华的率领下，登上美国军舰开始北撤。数以千计的东江父老乡亲从四面八方赶来送行，挥泪送别患难与共、血肉相连的人民子弟兵。方方代表中共中央军委给北撤人员致信慰问，"你们打了八年日本鬼，解放了大片国土，挽救了千百万同胞的命运！然而日本投降了，你们却不得不离开家乡，一想到这里，不禁令我挥泪。""然而，你们为了全省、全国的和平，你们为了坚决执行人民领袖毛泽东同志的训令，你们终于毅然决然冲破一切困难——不怕牺牲，不怕艰苦，毫无反顾的、英勇的集中北撤。说明你们纪律的严明，训练的有素，怀抱的伟大，不愧是人民的优秀的儿女，不愧是毛泽东的好学生。"[1]

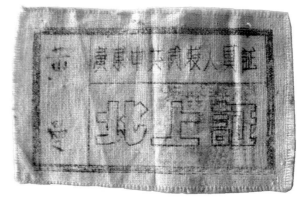

东江纵队北撤部队佩戴的"北上证"

6月30日凌晨，北撤军舰启航，7月5日，抵达山东烟台，受到山东解放区广大军民的热烈欢迎。东江纵队终于胜利

---

① 《方方文集》，第46页，广东人民出版社，1990年版。

实现了战略转移的目标。7月8日，中共中央致电曾生，对东江纵队安全抵达烟台表示祝贺。

东江纵队北撤的胜利实现，是抗日战争结束后中国共产党人与国民党统治集团进行斗争的一个重大胜利，是广东地方组织在党中央的领导下为了执行和平民主基本方针而作出的努力和让步，表现了中国共产党实现和平的坚定决心和坚强意志，得到国内各阶层人民的称赞和拥护，对于中国人民的和平民主事业具有重要意义。

（二）局势变化与隐蔽斗争

东江纵队北撤前，国民党广东当局便开始部署在东江纵队活动的地区进行"清乡"。6月底，东江、北江、粤赣边、韩江、粤中、琼崖等地的"绥靖""清剿""扫荡"部署完成后，国民党广东当局调集全部兵力进占东江纵队活动过的地区，惠阳、东莞、宝安、海丰、五华、龙川、河

东江纵队北撤山东时的登船点

源、博罗等地复员的东江纵队战士和亲属、地下党员、党组织负责人及大量无辜群众遭受严酷迫害。在惠阳淡水，7名伤愈后复员回乡的东江纵队战士被拦截杀害，河源县黄村区遭到国民党军队疯狂"清乡"，仅有七八十户人家的七娘磜村，被烧毁房屋69间，3个无辜村民惨遭杀害，群众财物被洗劫一空，全区3000多人无家可归，流离失所，增城滠江区曾经支持过游击队的群众有500人被绑架勒索，其中3人遭杀害。一些地方的反动地主与当局勾结起来，东莞大岭山党组织负责人李牛和李统被反动地主施加酷刑后杀害。国民党广东当局还迫害爱国民主人士和进步青年学生，海丰县委宣传部部长谢谷和简易师范学校进步学生10余人被捕入狱。国民党广东当局还强行征兵、征粮、征税，制造白色恐怖。

面对严峻的斗争形势，7月18日，周恩来、董必武和廖承志代表中共中央南京局（"中共中央重庆局"于1946年5月改称"中共中央南京局"）针对广东区委在城市、农村和党员工作上的部署，致电方方和尹林平，客观分析全国和广东的局面，明确提出"不要过分估计广东的特殊性与黑暗性。统治阶级内部的矛盾，社会上的矛盾，将是日益发展着，只要我党同志能深入群众，觉得社会的隐蔽，细心观察，必能在国（民）党地域内看出许多矛盾的存在，于各种矛盾间自有活动之余地。你们所说在两三年内应完全停止活动的说法是不妥当的。"[1]8月，广东区委书记尹林平根据指示精神，发表《东江纵队北撤与广东新形势》，分析东江纵队北撤后的广东局势，指出："在总的形势好转时，广东的黑暗局面是不能长久的，一定会被打破的。"并号召在广东坚持斗争的共产党员和武装人员，"以坚强的必胜信心，毫不松懈地坚决斗争下去"[2]。根据广东区委的指示，东江流域划分江南、江北和后东三个地区，各地党组织以特派员制开展组织活动，并制定了《关于游击区武装问题处理办法》，各武装小分队

---

[1] 《周恩来、董必武、廖承志关于广东工作方针致中央转方方、林平的电报》，见《粤赣湘边区革命史料》，第11页，广东人民出版社，1989年版。

[2] 《东江纵队北撤与广东新形势》，见《粤赣湘边区革命史料》，第18-24页，广东人民出版社，1989年版。

进入偏僻山区以人民自卫武装的名义分散隐蔽斗争，经受了国民党军队的围困封锁、住石洞、茅寮，吃山果、野菜，风餐露宿，饥寒交困、伤病折磨的严峻考验，渡过了艰难的隐蔽时期。

8月，为响应中共中央和广东区委坚决起来自卫的号召，党的特派员带领武装小分队积极行动，在九连山区的河源、龙川、和平等地，镇压反动乡长，打击反动地主，安定了人民群众的情绪；八九月起，武装小分队在惠阳、淡水、坪山、新丰等地活动，赖景勋、朱绍良带领的队伍夜袭遥田乡公所，逮捕敌38人，东莞的共产党员何棠组织起10多人的队伍，活跃在屏山、水口一带，袭击反动势力，镇压地主恶霸。诸多行动粉碎了国民党企图乘东江纵队主力北撤之机，彻底扑灭人民革命力量的阴谋。

东江各地党组织和保存下来的武装力量，成为东江地区恢复武装斗争，发展壮大革命力量的重要骨干。

二、武装斗争的恢复与东江党组织建设

（一）武装斗争恢复的准备

1946年10月后，国民党军队在东北、华北、中原各个战场的攻势因人民解放军的打击而开始减弱，陆续抽调南方各省兵力支援，驻广东国民党军仅留下第六十九师及地方反动武装4.6万余人，为控制广东，国民党广东当局依靠地方保安部队和反动政权千方百计敲诈勒索、镇压人民群众。东江地区人民开始自发的反内战、反饥饿、反迫害斗争，海丰一地打出"运走一粒粮食，我们就和他拼"的标语，客观上形成恢复和发展武装斗争的有利条件。中共中央洞悉局势，于10月16日、11月6日、11月17日就南方游击战争、广东游击战争发出明确指示，"广东党今后中心任务即在于全力布置游击战争，目前香港干部集中，绝非好现象，应坚决疏散一部到武装部队中工作。"根据中央指示，11月27日，广东区委制定了"实行小搞，准备大搞，从无到有，从小到大，稳步前进"①的战略方针，并通过扩大会议统一了各级党组织和干部的思想认识。1947年3月15日，广东区委明确恢复武装斗争的具体部署，并在香港举办了5期干部训练班。在此前后，江南、九连和江北地区有组织地学习中共中央和广东区委的指示，恢复武装斗争、重建武装部队的工作全面展开。

（二）东江各地工委的建立与斗争

1947年，广东区委撤销特派员制，组建九连、江北、江南三个地方工

---

① 广东省人民武装斗争史编纂委员会：《广东人民武装斗争史》第四卷，第92—93页，广东人民出版社，1995年版。

作委员会，统一领导东江地区的党组织和武装部队。各地工委抓住时机，掀起反抗"三征"、破仓分粮、摧毁乡村反动政权、扩大武装队伍的斗争。

——中共九连地方工作委员会。2月，中共九连地方工作委员会（简称"九连工委"）成立，由严尚民任书记。3月，领导成员从香港进入九连地区，分散到各区领导开展武装斗争、打击国民党区、乡反动政权，组织武装工作队开辟新区，举办干部训练班等工作，并提出"反抗三征，破仓分粮，建立反蒋统一战线"的政治口号，[①]活动地区划分为连（平）和（平）分区、和东分区（和平东部、龙川北部）、河西分区（河源西部、龙川中部）和河东分区（河源东部、龙川南部、紫金北部及五华县）等4个战略区，各分区设立党的领导机构，建立了东江人民抗征队、连和民主义勇队、和平人民义勇队、河西人民自救队等武装队伍，通过有组织的武装斗争，袭击各地警察所、乡公所，缴获枪支200多支，破仓分粮6000余担，解决了武器弹药问题，主力队伍发展至450多人，地方部队发展到2000多人。在此前后，九连工委为解决骨干力量缺乏问题，各地党组织动员了一批党员和进步青年、知识分子参加工委举办的军政干部训练班，仅在九连山就举办了5期青干班、4期基干班，训练基层干部200多人，培养部队排级干部70余人。此外，还通过创办《人民报》《大众报》《燎原报》等加强宣传教育工作。种种措施对加强党组织和武装斗争的领导起到重要作用。

——中共江北地方工作委员会。3月，中共江北地方工作委员会（简称"江北工委"）成立，由黄庄平任书记，统一领导江北地区的博罗、增城、龙门、清远、佛冈、从化、花县等县的党组织和武装斗争。各地党组织先后建立增（城）龙（门）从（化）博（罗）人民自卫队、龙（门）从（化）人民保乡队、东江人民解放军独立第十大队、博（罗）龙（门）河（源）人民解放军和清（远）从（化）佛（冈）人民义勇大队等5支队

---

① 《中国共产党东江地方史》编纂委员会：《中国共产党东江地方史》，第383页，广东人民出版社，2001年版。

伍。战斗中，武装队伍镇压地主恶霸，破仓分粮数万担，缴获枪支上百支，初步打开了江北地区武装斗争局面。10月，广东区委副书记黄松坚到达江北地区指导工作，总结了武装斗争开展的情况，将江北地区划分为清从佛、从龙新（丰）、博龙河、增龙博等4个战略区，实行分区指导，由工委成员兼任各区工委书记。10月间，参加北撤的陈李中、李绍宗从山东解放区回到广东，被派到江北地区工作，陈李中为江北工委委员。此外，江北工委通过电台、机关报《大众报》等媒介与中共中央、广东区委保持密切联系，使游击区军民能及时听到中共中央的指示和最新消息。

——中共江南地方工作委员会。4月，中共江南地方工作委员会（简称"江南工委"）成立，由蓝造任书记，统一领导江南地区党的组织和武装斗争，采取抽调地方党员干部和动员复员的干部归队等方式加强部队队伍建设，通过整编、分散发展的方式建立连队、主力部队，建立健全政治工作机构以加强思想政治工作，后勤、交通、情报等工作同步开展。同时通过统一战线工作，争取爱国民主人士和进步团体的支持和援助。根据江南地区毗邻香港的特点和有利条件，还在香港设立了江南地区驻港后勤处，执行输送人员、采购和运输物资、接待安置伤病员等任务。部队整编后，惠东宝人民护乡团等队伍主动出击，缴获枪支50余支，弹药若干，破仓分粮3000多斤，还在3月中旬策动了国民党宝安第八总队一个排起义。

在东江各地区工委的领导下，部队采取"避实就虚，避重就轻，避大就小"[1]的作战方针，粉碎了敌人的"清剿"计划，打击了地方反动势力，深入乡村发展革命力量，为建立游击基地打下基础。

（三）东江各游击根据地

1947年5月，中共中央为了加强对华南党组织和国民党统治区群众运

---

[1] 《广东武装工作报告》，见《粤赣湘边区革命史料》，第177页，广东人民出版社，1989年版。

动的领导，决定设立香港分局，由方方任书记，尹林平任副书记。根据中央指示，香港分局决定发动游击战争，建立边区游击根据地。东江地区的江南、江北和九连山游击根据地相继形成。

——江南游击根据地。1947年全年，江南工委集中兵力建立惠东宝沿海根据地，开辟海陆惠紫五边区根据地，打退了国民党军队13次进攻，队伍从几十人发展到2700多人，还通过发展农会和民兵组织组建了一支可靠的后备力量，为建立和扩大江南根据地打下良好的基础。

——江北游击根据地。同一时期，江北工委放手发动群众，扩大活动区域，开辟南昆山、罗浮山、桂山根据地，并与九连、瀚江地区的部队取得了联系，部队作战30余次，队伍发展至近千人，部分乡村创建了人民政权，地方党组织和部队党组织进一步加强，拥有人口30多万。

——九连游击根据地。1947年7月起，九连工委将全区划分为河东、河西、和东、连和4个战略区，分区开展武装斗争。至1947年底，打退了国民党部队3000余人对九连地区的进攻，争取国民党地方政权中的开明人士，加强斗争力量，全区主力连队9个，地方连队19个，建立13支武装工作队，发展民兵4000多人，组织农会16000多人，开辟了以九连山为中心的游击根据地。

根据地的开辟极大地鼓舞了人民群众的革命热情，为粉碎国民党"清剿"奠定了基础。

（四）东江党组织的反"清剿"斗争

1. 东江各地地委的建立

武装斗争恢复后极大地威胁了国民党在广东的统治。1947年9月23日，国民党统治集团委派宋子文到广东开展"清剿"工作，宋子文扬言

"广东治安三个月有办法，六个月见成效。"[1]为了适应斗争形势发展的需要，香港分局于1948年2月在香港召开干部会议，向各地党组织发出《粉碎蒋宋进攻计划，迎接南下大军的指示信》（简称"二月指示"），组成中共粤赣湘边区临时委员会（简称"粤赣湘边区临时党委"），以尹林平为书记，党委成员直接到各地区领导工作，决定"公开党的旗帜，实行统一领导"，在各战略区正式成立地委，并对各地武装队伍进行整编。

——1948年2月，中共江南地方委员会（简称"江南地委"）成立，下辖惠阳县委、东（莞）宝（安）县委、惠（阳）紫（金）边县委、海陆丰县委，统一整编江南地区的武装部队，成立广东人民解放军江南支队（简称"江南支队"），下辖5个团，还成立了独立第四大队。

——1948年3月，中共江北地方委员会（简称"江北地委"）成立，下辖河东县委、增（城）龙（门）县委、从（化）龙（门）县委、清（远）从（化）花（县）佛（冈）县委，统一整编部队成立广东人民解放军江北支队（简称"江北支队"），下辖4个团、2个大队，另外组建2个独立大队。

——1948年6月，中共九连地方委员会（简称"九连地委"）成立，下辖和东区工委、连和区工委、河西区工委、河东区工委，统一整编部队成立广东人民解放军粤赣边支队（简称"粤赣边支队"），下辖4个团、2个独立大队。整合创立九连地委机关报《粤赣报》，以加强党的政策和各方面工作的宣传。

2. 反"清剿"斗争

各地地委的成立和支队公开斗争旗帜，标志着党领导下的东江地区人民武装向正规化前进，为粉碎"清剿"、扭转东江战局、建立巩固的根据地、开展各项工作打下了坚实的基础。

---

① 《广东情况介绍》，见《方方文集》，第346页，广东人民出版社，1990年版。

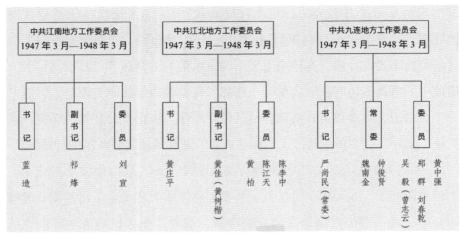

中共江南、江北、九连三个地方工作委员会组织示意图

——反击第一期"清剿"。1947年12月至1948年6月，国民党广东当局以一万余人的兵力，对广东人民武装力量发动第一期"清剿"，先后进攻粤北的滃江、五岭地区和东江的九连、江北地区。1948年3月起至6月，经过激烈战斗，连和、和东、河东区主要圩镇相继失守，大湖余屋农会会长余旺在激战中打退敌人几十次冲击，终因寡不敌众血战阵亡，队伍13人被捕杀害。九连、江北地区未能消灭敌人有生力量、给敌人以歼灭性的打击，未能扭转整个战局，除敌我力量悬殊之外，还因为对斗争形势估计不足，采取了消极防御、分散避敌的方针，违背了中共中央在游击区应该执行的社会政策。江南地区部队在实战中捕捉战机，打击消灭敌人，战斗力进一步提高。

在反击国民党的第一期"清剿"的斗争中，东江地区军民经受了严峻的考验，付出了巨大代价，在总结经验中淬炼队伍。

——粉碎第二期"清剿"。宋子文在第一期"清剿"计划没有完全达到目标的情况下，为达到其"安定华南"后方基地的目的，又对广东人民武装力量发动第二期"清剿"，重点地区是江南地区的惠东宝一带。根据中共中央和香港分局指示，粤赣湘边区临时党委成员在各地积极工作，克

位于广东河源东源上莞新南村六角楼的中共九连地委旧址

服第一期反"清剿"中存在的不足，开始集中优势兵力，各个歼灭敌人。

1948年6月至9月，在江南地区的反"清剿"斗争中，面对敌6000余人的兵力，江南地委在香港分局副书记、粤赣湘边区临时党委书记尹林平的直接领导下制定了"进一步对敌进攻，发展自己，扩大胜利果实，先发制人，粉碎敌人进攻阴谋"[①]的军事斗争方针，首战沙鱼涌，全歼守敌，毙伤俘敌327人，缴炮4门，枪支180多支，弹药7万发，支队12人英勇牺牲，20人负伤。此后取得了山子下战斗的胜利，经红花岭战斗后转至外线，在惠阳、宝安、东莞等地连续出击，前后歼敌1500余人，取得重大胜利，为各地区作了示范。

1948年10月至1949年1月两个多月时间里，九连地区军民在九连地委的领导下，联合粤赣边支队连续取得白马战斗、大湖狮子脑战斗的胜利，逐渐变被动为主动。在鹤塘伏击战中桂林队荣获"钢铁连"称号，第三团在骆湖全歼宝安第十三团一个连，坚定了部队夺取胜利的信心。在大人山粤赣边支队伏击作战击溃敌阵，毙敌90余人，俘虏85人，缴获若干，13人牺牲，37人负伤。连续作战彻底粉碎了宋子文的第二期"清剿"。

---

① 《对惠东宝军事斗争的意见》，1948年6月21日，广东省档案馆藏。

1948年7月至12月，江北地区在被动中寻找突破，逐渐学习掌握积极的军事斗争策略。在龙门沙迳地区毙敌连长以下官兵20余人，打击了敌人。经过总结经验教训，开始积极开辟平原区，主动寻机打击敌人，在龙门路溪歼灭敌地方自卫队，俘虏28人，拔除反动据点，随后在平安圩、新丰等地连续作战，取得了杨梅潭战斗的胜利，开始化被动为主动。

三、从惠州走出的粤赣湘边纵队

经过1948年的艰苦作战，至年底，东江地区仅机动作战部队已发展到11000多人，其中江南地区6000多人，九连地区3500多人，江北地区1800人，逐渐掌握了战争的主动权，具备了公开打出旗帜的条件。[①]

（一）安墩会议与粤赣湘边纵队的正式成立

1948年12月15日，经香港分局报中共中央批准，正式成立中共粤赣湘边区委员会（简称"粤赣湘边区党委"），由尹林平任书记，黄松坚、梁威林任副书记。12月下旬至1949年1月上旬，粤赣湘边区党委在惠阳安墩黄沙村（今属广东惠东）召开第一次会议。会议期间，12月27日中共中央军委电复香港分局，批准成立中国人民解放军粤赣湘边纵队、闽粤赣边纵队、桂滇黔边纵队。1949年1月1日，粤赣湘边纵队、闽粤赣边纵队和桂滇黔边纵队联合发表成立宣言。粤赣湘边纵队由尹林平任司令员兼政治委员，黄松坚任副司令员，左洪涛任政治部主任。随后在2月20日经请示中共中央批准，增补梁威林任副政治委员，严尚民任参谋长。

1949年1月15日至17日，粤赣湘边区党委初步确定纵队编制，开始对所辖部队进行改编。

江南支队编为粤赣湘边纵队东江第一支队（简称"东江第一支队"），由蓝造任司令员，王鲁明任政治委员，祁烽任副政治委员，曾建任参谋长，刘宣任政治部主任。支队下辖7个团、2个独立营。

粤赣边支队编为粤赣湘边纵队东江第二支队（简称"东江第二支

[①] 《华南部队数量武器和战斗力》，见《粤赣湘边区革命史料》，第339页，广东人民出版社，1989年版。

......1948年12月下旬，中共粤赣湘边区委员会在惠阳安墩黄沙村（今属惠东县）召开会议。图为与会领导人：（左起）梁威林、黄松坚、尹林平、左洪涛、黄文俞

中国人民解放军粤赣湘边纵队成立大会

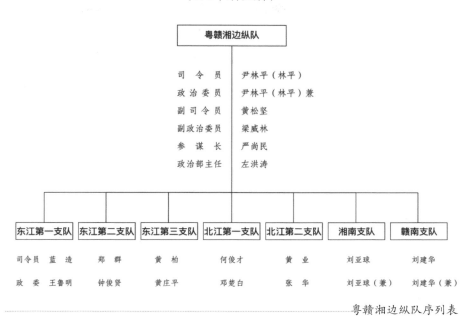

粤赣湘边纵队序列表
（1949年1月至6月）

粤赣湘边纵队						
司 令 员	尹林平（林平）					
政 治 委 员	尹林平（林平）兼					
副 司 令 员	黄松坚					
副政治委员	梁威林					
参 谋 长	严尚民					
政治部主任	左洪涛					
东江第一支队	东江第二支队	东江第三支队	北江第一支队	北江第二支队	湘南支队	赣南支队
司令员 蓝造	郑群	黄柏	何俊才	黄业	刘亚球	刘建华
政 委 王鲁明	钟俊贤	黄庄平	邓楚白	张华	刘亚球（兼）	刘建华（兼）

粤赣湘边纵队序列表

队"），由郑群任司令员，钟俊贤任政治委员，吴毅任参谋长，黄中强任政治部主任。支队下辖5个团、4个独立大队。

江北支队编为粤赣湘边纵队东江第三支队（简称"东江第三支队"），由黄柏任司令员，黄庄平任政治委员，王达宏任副司令员，陈李中任政治部主任。支队下辖5个团、2个独立营。

瀹江地区北江支队编为粤赣湘边纵队北江第一支队，五岭地区活动的粤赣湘边区人民解放总队编为北江第二支队。随后，从北江第二支队抽调兵力，组成粤赣湘边纵队赣南支队和湘南支队。在珠江三角洲地区活动的部队分别编为中山独立团、顺德独立团和番禺独立团。

粤赣湘边纵队宣告成立后，九连、江南、江北等地先后举行了盛况空前的庆祝活动。1月19日，粤赣湘边区党委发出了《关于公布名义的庆祝及展开政治攻势的指示》，号召各地大力开展宣传工作，扩大政治影响，号召人民群众支援部队，展开政治攻势，瓦解敌军，孤立反动势力，争取社会各阶层广泛的拥护和支持。粤赣湘边纵队的正式成立标志着东江纵队主力北撤后剩余力量在党的领导下再次由小到大、由弱到强，成为正规的军事力量，对完成建立大块根据地的战略任务、迎接和配合人民解放军野战部队及解放东江全境具有十分重大的意义，鼓舞东江地区人民群众以更大热情投入夺取胜利的伟大事业。

（二）春季攻势

1949年1月至4月，针对国民党广东当局由宋子文换成余汉谋、薛岳主政后策动的新的进攻，粤赣湘边区党委于2月25日作出部署，聚焦国民党广东当局重兵把守的粤汉铁路南段和广九铁路沿线，要求所属部队协同作战，发动春季攻势，完成区党委所确定的战略计划，迅速建立海（丰）陆（丰）惠（阳）紫（金）五（华）和新（丰）连（平）河（源）龙（川）边两块战略基地。

江南地区的春季攻势在1948年底就开始部署，率先展开。1949年1月，东江第一支队所部挫败国民党军第一五四师等部队的进攻，控制莞太、宝太一线。东江第二支队与东江第一支队相互配合，扩大紫金、五华的活动区域。至4月，东江南线春季攻势取得胜利，使惠、东、宝游击根据地进一步巩固，同时开辟了惠阳河东区及稔平半岛新区，解放了陆丰河田和紫金、五华大部分乡村，从而打通了九连地区与江南地区之间的联系。海、陆、惠、紫、五边战略基地初步形成。

九连地委作出《关于集中力量粉碎敌人新进攻的指示》，2月至4月，东江第二支队主力和东江第三支队、北江第一支队兵分三路，连续作战、配合作战，打通九连、瀚江、与江北之间的联系，连挫强敌，策应车田联防队起义，转战新（丰）连（平）和（平）河（源）龙（川）边境，夺取中小据点40余处，解放近百万人口的广大乡村。东江第二支队作战部队从

3500余人迅速发展到5700多人，将国民党军完全压缩在东江上游走廊的河源、蓝口、老隆、东水等孤立据点内，顺利完成了北线春季攻势作战计划，新、连、河、龙边战略基地初具规模。

根据3月11日江北地委《关于反扫荡军事斗争的决议》，江北地区东江第三支队联动武工队、地方连队共同作战，3月的上坪战斗中，毙敌39人，伤敌37人，俘敌185人，缴获八二迫击炮1门、六〇炮2门，重机枪2挺、轻机枪11挺、长短枪140余支，电台1部及弹药物资一大批，给来犯之敌以沉重的打击，挫败了国民党军对江北地区的进攻态势。[①]此后乘胜出击，展开攻势，瓦解地方反动武装，先后策动国民党博罗县警大队、东江护航大队、龙门县自卫总队等部起义，迫使敌独第二团撤出正果。推动增城、博罗局势好转，取得了春季攻势的胜利。

同期，瀓江和五岭地区也开展春季攻势。

4月1日，华南分局对粤赣湘边区的工作给予高度评价和鼓励，致电尹林平、黄松坚、梁威林、左洪涛及粤赣湘边区全体军民表示祝贺。粤赣湘边纵队各部队有配合、有策应、有准备、有计划地打击敌人，夺取据点，占领中小圩镇和广大农村，逐步形成包围城市的态势，为战略基地的建立与巩固打下了基础。

（三）夏季攻势与战略基地的建立和巩固

为了实现"打开自韩江以西，惠阳以东，海陆丰以北至赣南的地区连成一片"[②]的战略计划，在香港分局的指示下，4月1日至9日，香港分局副书记、粤赣湘边区党委书记尹林平在陆丰县河田五云洞主持召开粤赣湘边区党委和闽粤赣边区党委代表联席会议，达成《关于配合作战问题的

---

① 《中国共产党东江地方史》编纂委员会：《中国共产党东江地方史》，第438页，广东人民出版社，2001年版。

② 《香港分局关于我们当前的方针任务》，1949年3月，广东省档案馆藏。

决定》，以巩固海、陆、惠、紫、五和新、连、河、龙边两块战略基地为中心任务，从东江南、北两线展开对敌夏季攻势。为此，粤赣湘边区党委从东江第一支队、东江第二支队、东江第三支队和北江第一支队中抽调部队，组建5个由粤赣湘边纵队司令部直接指挥的独立团，每团官兵在1500人以上。1949年5月中旬开始，由黄松坚、梁威林、严尚民指挥东江第二支队，抓住有利战机，发动以解放老隆及东江上游地区为目标的夏季军事攻势，进一步巩固新、连、河、龙边战略基地。

5月14日，国民党广东省保安第十三团少将团长曾天节率部宣布起义，吴奇伟、李洁之、萧文、魏鉴贤、魏汉新、蓝举初、张苏奎等8人联名发表起义宣言，并以曾天节和全体起义官兵名义，向中共中央主席毛泽东、中国人民解放军总司令朱德发出起义通电。6月22日，毛泽东、朱德电复起义将领，表示欢迎他们加入人民解放军行列，指示他们要"遵守人民解放军制度，改造部队，与人民解放军整个力量协同一致，为解放广东全省而奋斗。"[1]这次起义沉重地打击了国民党反动政权，极大削弱了国民党当局在东江的军事力量，为加速大块战略基地的建立起到了重要作用，"对于配合南下大军解放华南是有重要意义的"[2]。

随后，根据粤赣湘边区党委的战略部署，北线指挥部作出解放老隆及龙川全境的作战计划。5月15日晨，老隆守敌投降，老隆宣告解放。在此之后，东江各地陆续宣告解放：5月17日，东江第二支队第四团接管五华，五华解放；5月24日，东江第二支队地方武装进城，和平解放；6月13日，新丰县城守敌投降，连平县的忠信、隆街等地相继解放；6月21日，连平县城解放。

东江北线部队发动的夏季攻势在两个多月时间里连战连捷，解放县城5座，重镇10余座，新丰、连平、和平、龙川、五华全境及河源大部分地

---

① 《毛泽东朱德致吴奇伟等的电报》，见《粤赣湘边区革命史料》，第468页，广东人民出版社，1989年版。

② 《中共中央关于保安团起义后的行动问题给方方等的指示》，见《粤赣湘边区革命史料》，第445页，广东人民出版社，1989年版。

区均告解放，解放区人口达134万人。据不完全统计，共歼敌2360多人，其中毙敌300多人，俘敌少将副师长以下官兵2000余人，缴获迫击炮6门，轻重机枪33挺，长短枪2320余支，物资一大批。起义部队携来武器火箭筒2门，各种火炮34门，轻重机枪150挺，长短枪1500多支，取得重大胜利。[1]

同时，在华南分局和闽粤赣边区党委的策动下，国民党保安第十二团团长魏汉新、广东省第九行政督察专员公署专员李洁之、闽西专员公署专员练惕生等也先后率部起义，配合闽粤赣边纵队相继解放了兴宁、大埔、蕉岭、梅县、平远、丰顺及闽西南的龙岩、上杭、永定、长汀、连城、永安等县城。东江、韩江连成一片，形成了由龙岩至河源、由平远至海陆丰纵横千里的广大解放区，解放区人口达400多万，胜利完成了建立解放广东战略基地的任务。

6月24日，中共中央主席毛泽东接到华南分局关于东江、韩江战绩的电报后，欣然将电文批转各野战军部队首长。文曰："五、六两月粤东、闽西胜利极大，请将华南分局6月12日文电转告所属，以励士气。"[2]同时，毛泽东以中共中央名义复电华南分局，对粤赣湘边区和闽粤赣边区所取得的重大胜利表示祝贺，并提出新的战斗任务。电文指出："庆祝你们的伟大胜利。""请你们争取时间迅速地巩固这些胜利。如你们能利用七、八两月巩固这些胜利，则在九、十两月内，你们即可集中主力，向广州、韶州、赣州三线的方向举行攻势，扩大军队及地区，以迎接第四野战军的到来，并准备于十一月、十二月或一月间占领广州。"[3]粤赣湘边区和闽粤赣边区连成一片，为迎接解放军野战部队南下解放华南地区创造了

---

① 《中国共产党东江地方史》编纂委员会：《中国共产党东江地方史》，第445页，广东人民出版社，2001年版。

② 《中共中央军委关于转发华南分局战绩报告的批示》，见《粤赣湘边区革命史料》，第471页，广东人民出版社，1989年版。

③ 《中共中央关于华南部队作战任务的指示》，见《粤赣湘边区革命史料》，第469页，广东人民出版社，1989年版。

十分有利的条件。5月25日，华南分局书记方方率分局机关人员，乘船离开香港，抵达陆丰县甲子镇，经潮汕解放区，于6月28日到达梅县，进入解放区直接领导华南地区的解放战争。

（四）海陆惠紫五战略基地的建立与巩固

东江南线部队的夏季攻势以巩固和扩大海陆惠紫五战略基地、解放紫金为中心。1949年5月，由尹林平、左洪涛率领部队从陆丰河田挥师北进，直捣紫金。5月19日，完成包围紫金城的作战部署。5月23日，被困4天的守敌投降，紫金县城解放。紫金解放后，粤赣湘边纵队正式组建的独立第一团、独立第三团成立。同时，东江第一支队第七团也连续出击，拔除蓝塘等据点，肃清地方反动武装，缴获若干。6月20日，纵队独立第一团、第三团及东江第一支队，拔除紫金南岭敌据点，全歼守敌130余人。7月9日，梅陇解放；7月10日，公平解放；7月14日，东海解放；7月15日，青坑解放；7月20日，海丰解放；8月5日，进攻至陆丰，其间依据敌情变化部队灵活应对，发展壮大。

粤赣湘边纵队南线主力自7月进入海丰、陆丰展开攻势，至8月止，取得一系列战斗的重大胜利，共计毙伤俘敌1300多人，接受改编之敌1200多人，缴获各种火炮4门，轻重机枪41挺，其他种种枪械1312支，弹药及军用物资一大批。[1]南线作战大量歼灭敌有生力量，巩固和扩大了海陆惠紫五战略基地。

---

① 《中国共产党东江地方史》编纂委员会：《中国共产党东江地方史》，第448页，广东人民出版社，2001年版。

四、从东江推进到全广东解放

（一）东江地区的政权建设

随着游击战争的发展，自1947年冬以来，各地相继探索建立民主政权，如1948年3月江北地委在增龙区建立龙门县人民政府，江南地委建立了惠紫行政委员会。1949年2月起，随着革命形势的迅速向前推进，香港分局针对政权建设作出指示，"以边区为单位选择适当人物（包括地方民主人士及我党在地方有威信党员），成立临时行政委员会，以统一对各县政权的领导"，并对各县政权的组织形式提出相应意见。[①]5月29日，中共中央明确指示："在你们已经占领的地区内，如已站稳，可建立行政公署，委派各县县长，逐步组织区乡政府，开始在乡村征收公粮及在城镇征收赋税（但开始时征收率应低一点），以解决财粮困难问题。"[②]极大推动了东江地区各级民主政权的建设。

1949年7月起，东江人民行政委员会正式成立，设三个行政督导处，各县民主政权也先后建立起来，其组成成员包括共产党员、工农积极分子、地方民主人士、统战对象或国民党起义人员、归侨或侨属代表等，承担支持革命战争，为人民群众办事，培养行政干部等任务，发动组织和武装人民群众、支援前线、发展生产、税收、解放和发展农村生产力、减租减息、征粮等工作。

为了满足政权建设需要，干部教育培养成为东江党组织一项非常重要的任务。香港分局、粤赣湘边区党委和各地地委对此都高度重视，明确指

---

① 《我们当前的方针任务》，见《粤赣湘边区革命史料》，第346、第347页，广东人民出版社，1989年版。

② 《中共中央关于保安团起义后的行动问题给方方等的指示》，见《粤赣湘边区革命史料》，第445页，广东人民出版社，1989年版。

示，"为适应斗争展开的需要，地、县二级必须多办干部训练班，培养干部"①。"加紧各种教育……（培养）大量战时工作及战后建设人才。"②以九连地区为例，创办东江公学，仅在3月至9月就举办了4期，培养学员3000多人。同时，粤赣湘边纵队也通过举办训练班培训青年学生，分配到不同岗位工作。此外，还进行了发展文化教育事业、培养战时工作者和战后建设人才、加强农会工会等群众组织、争取华侨和港澳同胞支援等工作。这些积极的举措为夺取最后胜利奠定了坚实基础。

（二）南北夹击，追歼残敌

1949年4月23日，解放军占领国民党统治中心南京，宣告延续22年的国民党反动统治覆灭。随后，5月27日人民解放军攻占上海，并开始向各省胜利大进军，以战斗或和平方式迅速解决残余敌人，解放广大国土，国民党蒋介石集团从大陆逃往台湾。

在东江，国民党残存势力固守河源、惠州及海陆丰，胡琏兵团残部流窜。根据华南分局部署，尹林平率领东江南线主力进入海陆丰，北线主力与江北地区部队配合扫除流窜于北部山区、企图配合胡琏部西进的东江之敌，相机歼击从化、龙门之敌。东江第三支队于7月14日攻克龙门正果，8月27日解放龙门。7月24日，粤赣湘边纵队北线主力一部和九连地区的东江第二支队也主动出击，围歼龙川北部残敌，全部扫清龙川之敌。在粤赣湘边纵队和闽粤赣边纵队的打击下，胡琏残部撤至汕头，在人民解放军进军广东时撤至金门、马祖岛。

针对河源、惠州的残存之敌，纵队分南北两线，南线于9月初渡过东江，紧盯存于河源埔前、龙门和博罗一带之敌。北线主力则于9月中旬由

---

① 《香港分局关于粉碎蒋宋进攻计划迎接南征大军的指示信》，1948年2月，广东省档案馆藏。

② 《当前行动纲领》，见《粤赣湘边区革命史料》，第283页，广东人民出版社，1989年版。

北向南直逼河源，追歼国民党军第一九六师，经过罗村十二岭战斗等一系列战斗，9月19日，北线主力解放河源。至9月底，东江地区的和平、连平、新丰、河源、龙川、紫金、五华、陆丰、海丰、龙门等县相继全境解放，惠阳、东莞、宝安、博罗、增城、从化、花县等县除县城外，广大乡村和绝大多数圩镇也先后解放，为解放军野战部队南下作战创造了十分有利的条件。

（三）人民群众迎军支前

为了迅速彻底消灭国民党的残余势力，解放全广东，解放全华南，1949年8月1日，中共中央决定组成以叶剑英为第一书记的新的华南分局。8月14日，第四兵团和第十五兵团神速南下，解放赣南重镇赣州。曾生、雷经天率领的两广纵队也奉命于湖北浠水横渡长江，进入江西赣州地区待命，准备参加解放广东的战斗。9月7日至24日，叶剑英在赣州主持召开以制订广东作战方案为主要内容的一系列会议（统称"赣州会议"），部署入粤作战。

粤赣湘边区党委已于1949年7月29日发出《做好准备工作迎接大军解放指示》，向全区军民发出迎军支前的总动员令，号召"每家每户，人人准备好慰劳大军的柴草、粮米、猪及各种常用品，使大军所到之处，均得人民热烈的慰问及拥护。"①东江地区党组织也对迎军支前工作进行了部署。8月8日，中共江北地委发出《紧急动员起来，一切作迎接大军，夹歼残敌，解放广东之准备》的指示。8月10日，江南地委发出"配合南下大军，紧急动员，发动热烈的大规模的支前运动"的指示，九连地区则以东江人民行政委员会第二区督导处的名义，对迎军支前工作作出了具体的规定。各级党组织和人民政府还成立了支前领导机构，动员适龄男女参加支

---

① 《做好准备工作迎接大军解放指示》，见《粤赣湘边区革命史料》，第561页，广东人民出版社，1989年版。

前工作队。随着南下野战军的到来，东江地区各界群众在各级党组织的发动和组织下，掀起了迎军支前的高潮。

在征粮工作上，粤赣湘边区党委发出征粮15万担的号召，要求江南、九连地区各征粮5万担，江北、瀚江、五岭各1万担。这一号召得到东江地区人民群众的热烈响应。尽管人民群众屡遭国民党军的抢掠，生活十分困难，但群众宁愿以杂粮充饥，也将主粮交出来，支援野战军入粤作战。人民群众踊跃捐粮、捐钱、捐物，使野战军入粤作战的后勤供应得到充分的保障。

在交通工作上，东江地区的青壮男子和妇女积极响应各级党组织的号召，参加民工队、修路队，担负修路整桥等任务。九连地区出动民工8万人，修筑公路、架设和加固桥梁共计610华里。江南、江北地区也出动数以万计的民工，参加修筑道路和桥梁的工作。

当野战军进入东江地区时，各地组织的民工队、运输队、担柴队、茶水队、洗衣队、理发队、缝衣队、向导队、炊事队、马草队和秧歌队等纷纷出动，守候于野战军将要经过的道路两旁，欢迎野战军的到来，热情为野战军服务。各地组织的支前民工营也一路跟随野战军部队前进。河源县的上莞、连平县的大湖、和平县的东水分别组织了五六百人的民工营，随军南下直到珠江三角洲一带，负责救护伤员和运输工作，为解放广东作出了贡献。

（四）东江全境的解放

赣州会议后，华南分局为了迅速消灭残存广东之敌，组成三路大军：以第二野战军第四兵团为右路，第四野战军第十五兵团为左路，两广纵队、粤赣湘边纵队为南路。

1949年9月下旬大军越过五岭，突破国民党军的湘粤防线，迅猛进军。南路军的两广纵队于10月9日在龙川与粤赣湘边纵队主力会合，组成广东战役南路军前线委员会。粤湘边纵队除主力部队与两广纵队组成南路军直接参与广东战役，其他各支队亦全线出击，配合向广州进军的三路大军围歼敌人。

按照广东战役南路军前线委员会的命令，粤赣湘边纵队和两广纵队会师后，立即兵分三路向广州东南挺进。为了配合南路军的战略行动，东江第一支队主力部队于9月下旬开始从海陆丰转战惠、宝地区，于10月10日解放多祝、12日解放平山、13日解放淡水、14日向惠州进逼、15日下午惠州宣告解放。随后，组成惠州军事管制委员会，对惠州实行军事管制。10月20日，粤赣湘边纵队独立第二团奉命进驻惠州组成惠州警备司令部，担负惠州的警备任务。

在此前后，东江地区部队配合野战军打击各地残敌，加速了东江地区的全面解放。10月11日，东江第一支队第五团再次解放海丰城；10月17日，解放汕尾。10月13日，东江第三支队第三团配合第四野战军第四十四

中国人民解放军两广纵队和粤赣湘边纵队进入惠州城

军第一三二师进占从化；第四野战军第四十三军第一二八师进占花县；东江第三支队独立第三营配合第四十四军第一三一师占领派潭；是日进占增城。10月14日，东江第三支队配合两广纵队第一、粤赣湘边纵队独立第六团占领博罗；15日，东江第三支队一部进入县城开展接管工作。至此，江北地区的从化、花县、增城、博罗宣告解放。

10月17日，东江第一支队第三团解放东莞和宝安县城南头；19日，接受深圳敌税警队投降；21日，九龙海关人员和警察部队宣布起义，海关宣告解放。11月下旬，东江第一支队部队攻击陆丰碣石守敌，碣石宣告解放。

1950年1月6日，东江第一支队配合两广纵队，解放大亚湾三门岛，歼敌团长以下官兵286人。至此，东江地区全境解放。

1949年11月，华南分局决定，正式划定东江行政区域，并确定在惠州建立东江地区统一的党、政、军领导机构。同时宣布撤销江南地委、江

1949年10月，群众在水东街欢庆惠州解放

北地委和九连地委，成立中共东江地方委员会（简称"东江地委"），辖惠阳、东莞、宝安、增城、从化、龙门、博罗、河源、紫金、五华、龙川、和平、连平、海丰、陆丰，共有共产党员8014人。为了加强深圳、宝安边界的工作，设立中共沙（沙头角）深（深圳）宝（宝安）边工作委员会（简称"沙深宝边工委"）。东江地委和沙深宝边工委直属华南分局领导。同时，在惠州设立东江区行政督察专员公署，属广东省人民政府派出的行政机构。

11月17日，华南分局和广东军区指示，在惠州设立广东军区第三分区（东江），由蔡国梁任司令员。广东军区第三分区部队由东江第一支队、第二支队、第三支队的部队整编而成，下辖独立第七团、第八团、第九团和各县大队。1950年2月，部队整编完毕，粤赣湘边纵队东江第一支队、第二支队、第三支队番号随之取消，粤赣湘边纵队完成了它光荣的历史使命。

粤赣湘边纵队纪念公园

东江全境的解放和人民政权的诞生，标志着中国共产党领导的新民主主义革命在东江地区的胜利。东江人民革命的胜利，是中国共产党正确领导的结果，是东江地方党组织领导广大人民群众艰苦奋斗、排除万难的结果，是无数革命先烈流血牺牲、无私奉献的结果。东江人民革命的胜利，标志着灾难深重的东江人民被压迫被剥削的历史宣告结束。从此，东江人民同全国各族人民一样成为中华人民共和国的主人，满怀着憧憬和希望，迈进社会主义革命和建设的新时期。

粤赣湘边纵队：铁血丹心铸丰碑

1949年1月1日，粤东群山深处的惠东安墩镇，一面绣着"中国人民解放军粤赣湘边纵队"的红旗在寒风中猎猎作响。这支由东江纵队火种淬炼而成的铁军，在中共中央军委电令下正式成立，以尹林平为司令员兼政委，黄松坚、梁威林等为骨干，开启了南粤大地解放事业的新篇章。

粤赣湘边纵队的血脉可追溯至东江纵队北撤后留下的革命火种。1946年夏，东纵主力北撤烟台，64名骨干留守九连山坚持斗争。随着解放战争形势变化，中共中央香港分局于1947年春指示重建武装，以"波浪式推进"策略在粤北、东江、五岭等地建立14支游击队。至1948年底，部队已发展至1.5万人，形成江南、九连、江北、滃江、五岭五大根据地。1948年12月，中共中央香港分局在惠东安墩黄沙村召开边区党委会议，中央军委电令批准成立粤赣湘边纵队，标志着分散游击力量正式升格为战略兵团。

1949年2月，纵队发动春季攻势，以"集中优势兵力歼敌有生力量"为方针。东江第三支队在博罗设伏，40分钟歼敌256人，缴获电台、重机枪等装备，彻底扭转江北局势。此役被《中国国防报》称为"南粤解放战争转折点"。至7月，纵队连克龙川、五华、连平等县城，解放区人口增至400万，与闽粤赣边纵队形成"东江—韩江"战略走廊。毛泽东在《将革命进行到底》中提及华南游击队时，特别表彰了此类战役对牵制国民党军的贡献。

1949年秋，纵队迎来历史性时刻。9月，叶剑英在赣州会议上部署入粤作战，粤赣湘边纵队被赋予"扫清东江障碍"重任。10月，东江第一支队配合两广纵队解放惠州，尹林平率部直插东莞虎门，切断敌军南逃海路。至1950年2月番号撤销时，纵队已发展至3.8万人，作战848次，歼敌2.5万，为野战军南下开辟了稳固的前进基地。① 时任华南分局书记叶剑英评价："没有边纵的浴血奋战，就没有广东的顺利解放。"②

驻足惠东安墩粤赣湘边纵队纪念公园，可以看到花岗岩浮雕上镌刻着"忠诚、坚韧、团结、奉献"八字精神，这支诞生于岭南红土地的队伍，从隐蔽走向公开，和两广纵队组成南路军，成为解放广东的重要一翼，促进广东全境解放，③诠释了共产党人坚持人民至上的根本立场。

① 中共惠州市委党史办公室：《粤赣湘边纵队史》，广东人民出版社，1989年版。
② 刘继贤：《叶剑英年谱》，中央文献出版社，2007年版。
③ 中共广东省委党史研究室、广东中共党史学会：《中共广东历史问题研究》第一辑，光明日报出版社，2023年版。

主要参考文献

中文著作

1. 《毛泽东选集》第一卷，人民出版社1991年版。

2. 《毛泽东选集》第二卷，人民出版社1991年版。

3. 《毛泽东选集》第三卷，人民出版社1991年版。

4. 《毛泽东选集》第四卷，人民出版社1991年版。

5. 《中国共产党简史》编写组：《中国共产党简史》，中共党史出版社2021年版。

6. 本书编写组：《习近平讲党史故事》，人民出版社2021年版。

7. 中共中央宣传部：《习近平新时代中国特色社会主义思想学习纲要》，学习出版社、人民出版社2023年版。

8. 习近平：《习近平谈治国理政》第一卷，外文出版社2014年版。

9. 习近平：《习近平谈治国理政》第二卷，外文出版社2017年版。

10. 习近平：《习近平谈治国理政》第三卷，外文出版社2020年版。

11. 习近平：《习近平谈治国理政》第四卷，外文出版社2022年版。

12. 《彭湃文集》，人民出版社1981年版。

13. 中共中央文献研究室：《周恩来年谱（1898—1949）》，人民出版社1989年版。

14. 廖承志文集、传记编辑办公室：《廖承志文集》，人民出版社1990年版。

15. 广东省档案馆、广东省委党史研究委员会办公室：《广东区党、团研究史料》，广东人民出版社1983年版。

16. 《阮啸仙文集》编辑组：《阮啸仙文集》，广东人民出版社1984

年版。

17. 广东省档案馆、广东省惠阳地区税务局：《东江革命根据地财政税收史料选编》，广东人民出版社1986年版。

18. 中共海丰县委党史办公室、中共陆丰县委党史办公室：《海陆丰革命史料》第二辑，广东人民出版社1986年版。

19. 陈康：《抗日根据地发展史略》，解放军出版社1987年版。

20. 军事科学院军事历史研究部：《中国人民解放军战史》，军事科学出版社1987年版。

21. 中共中央文献研究室：《周恩来年谱》，中央文献出版社、人民出版社1989年版。

22.《刘尔崧研究史料》，广东人民出版社1989年版。

23. 中央档案馆：《中共中央文件选集》第四册，中共中央党校出版社1989年版。

24. 广东省档案馆、中共惠州市委党史办公室：《粤赣湘边区革命史料》，广东人民出版社1989年版。

25. 中共惠州市委党史办公室：《粤赣湘边纵队史》，广东人民出版社1989年版。

26.《东江革命根据地史》编写组：《东江革命根据地史》，中共党史资料出版社1989年版。

27. 中共广东省委党史研究室、广东省档案馆：《方方文集》，广东人民出版社1990年版。

28. 南方局党史资料征集小组：《南方局党史资料》，重庆出版社1990年版。

29. 汕尾市革命老根据地建设委员会办公室、中共海丰县委党史研究室、中共陆丰县委党史研究室：《海陆丰革命根据地》，中共党史出版社1991年版。

30. 中央档案馆：《中共中央文件选集》第十五册，中共中央党校出版社1991年版。

31. 中央档案馆：《中共中央文件选集》第十四册，中共中央党校出版社1992年版。

32. 卢权：《广东革命史辞典》，广东人民出版社1993年版。

33. 叶左能、蔡福谋：《海陆丰农民运动》，中共中央党校出版社1993年版。

34. 中共广东省委组织部、中共广东省委党史研究室、广东省档案管：《中国共产党广东省组织史资料》，中共党史出版社1994年版。

35. 本书编委会：《东江纵队史》，广东人民出版社1995年版。

36. 《中共海丰党史大事记》，广东人民出版社1995年版。

37. 中共广州市委党史研究室：《中共广州地方史》，广东人民出版社1995年版。

38. 广东省人民武装斗争史编纂委员会：《广东人民武装斗争史》第二卷、第四卷，广东人民出版社1995年版。

39. 叶左能：《海陆丰革命根据地史》，中共中央党校出版社2000年版。

40. 《中国共产党东江地方史》编纂委员会：《中国共产党东江地方史》，广东人民出版社2001年版。

41. 刘继贤：《叶剑英年谱》，中央文献出版社2007年版。

42. 中共东莞市委党史研究室：《中国共产党东莞历史（第一卷）》，中共党史出版社2008年版。

43. 中共中央文献研究室、中央档案馆：《建党以来重要文献选编》第1册，中央文献出版社2011年版。

44. 中共广东省委党史研究室、广州地区老游击战士联谊会、广州地区老游击战士联谊会东江纵队分会：《东江纵队图文集》，广州出版社2015年版。

45. 惠州市档案局（馆）：《见证：镜头中的惠州1949—2014》，中国言实出版社2015年版。

46. 牟国志：《东纵北撤》，中国文化出版社2018年版。

47. 海丰县革命老区发展史编委会：《海丰县革命老区发展史》，广东人民出版社，2020年版。

48. 本书编写组：《图说惠州百年党史》，羊城晚报出版社2021年版。

49. 《图说东江纵队史》编写组：《图说东江纵队史》，羊城晚报出版社2023年版。

50. 中共广东省委党史研究室、广东中共党史学会：《中共广东历史问题研究》第一辑，光明日报出版社2023年版。

中文档案

51. 《中共广东省委致海陆丰县委函》，1927年11月，广东省档案馆藏。

52. 《十一月份收到各地报告的统计及批评》，1927年12月8日，广东省档案馆藏。

53. 《团广东省委致海丰县委信》，1927年12月30日，广东省档案馆藏。

54. 《广东省委致东江特委信》，1928年1月13日，广东省档案馆藏。

55. 《广东省委致东江特委并转全体同志信》，1928年1月24日，广东省档案馆藏。

56. 《广东省委关于目前工作任务的指示》，1928年2月27日，广东省档案馆藏。

57. 《东江目前工作计划》，1928年4月13日，广东省档案馆藏。

58. 《广东省委扩大会议军事问题决议案》，1928年4月13日，广东省档案馆藏。

59. 《广东省委致东江、潮梅两特委信》，1928年6月8日，广东省档案馆藏。

60. 《中共东江特委给省委的报告》，1929年8月2日，广东省档案馆藏。

61. 《中共广东省委给东江特委信（第1号）》，1930年1月1日，广东省档案馆藏。

62. 《东江特委报告》，1930年5月18日，广东省档案馆藏。

63. 《团两广省委巡视员给中央的报告》，1931年10月3日，广东省档案馆藏。

64. 《中共广东省委给中央并南方局报告》，1940年5月17日，广东省档案馆藏。

65. 《林平致中央并周恩来电》，1943年4月20日，广东省档案馆藏。

66. 《林平致恩来电》，1943年7月10日，广东省档案馆藏。

67. 《林平致恩来并中央电》，1944年1月20日，广东省档案馆藏。

68. 《关于中国共产党在东江敌后前线地区实施各项政策问题的谈话》，1944年1月21日，广东省档案馆藏。

69. 何鼎华：《保安大队一九四三军事工作总结》，1944年3月，广东省档案馆藏。

70. 《中共广东省临委会工作决定摘要》，1944年8月，广东省档案馆藏。

71. 《东江纵队政治部关于目前党务工作的决定》，1944年11月19日，广东省档案馆藏。

72. 《东江纵队政治部对于建设惠东宝路东区的施政纲领》，1945年4月，广东省档案馆藏。

73. 《路东民主政治的新阶段·退租退息实施条例》，1945年5月，广东省档案馆藏。

74. 《广东区党委给中央电》，1945年7月31日，广东省档案馆藏。

75.《碧山致中央转梁广电》，1946年6月15日，广东省档案馆藏。

76.《香港分局关于一年来的组织工作总结》，1947年11月30日，广东省档案馆藏。

77.《方方致中央电》，1948年5月4日，广东省档案馆藏。

78.《对惠东宝军事斗争的意见》，1948年6月21日，广东省档案馆藏。

79. 香港分局：《关于反清剿问题给江北地委的指示》，1948年6月，广东省档案馆藏。

80.《香港分局关于我们当前的方针任务》，1949年3月，广东省档案馆藏。

81.《华南分局纷电祝捷》，1949年4月1日，广东省档案馆藏。

82.《方方致林平魏南金并报军委与华中局电》，1949年8月18日，广东省档案馆藏。

83.《江南地委关于目前青妇工作的指示》，1949年9月16日，广东省档案馆藏。

84.《广东革命历史文件汇集》甲52，广东省档案馆藏。

85. 惠阳县老建会：《惠阳县革命斗争简史》，1953年，中共广东省委党史研究室存。

86.《高潭区老革命同志座谈会记录整理稿》，1957年9月23日，中共广东省委党史研究室存。

87. 九连工委：《反扫荡问题》，1948年5月9日，中共惠州市委党史研究室藏。

中文期刊

88.《红旗》第6期，1927年11月17日。

89.《南洋华侨推行常月捐之过去与现在》，《华侨动员》第9期。

90. 《东江纵队政治部对于建设惠、东、宝路东区的施政纲领》，《惠阳党史》1995年第1期。

91. 《中共紫金县党史大事记》，中共广东省委党史研究室：《广东党史资料丛刊》，1996年7月。

92. 《高恬波——广东省第一个女共产党员》，《跨越》2020年第3期。第20页。

93. 李际卫：《东江纵队港九独立大队红色抗战文化的传承与发展》，《云南社会主义学院学报》编辑部：《云南社会主义学院学报》2021年第4期（总第92期）。

94. 骆平：《中国共产党统一战线百年发展历程：形态与逻辑》，《云南社会主义学院学报》编辑部：《云南社会主义学院学报》2021年12月第4期（总第92期）。

95. 《中国第一个苏维埃政权》，《跨越》2022年第2期。

96. 《同舟共进》2022年第六期。

97. 张泽华、黄浩瀚：《周恩来与秘密交通线》，《海内与海外》2022年7月号（总第371期）。

中文报纸

98. 《劳动者》第2号，1920年10月10日。

99. 《广东群报》1920年10月20日。

100. 《广州共和报》1921年4月12日。

101. 《星岛日报》1939年3月17日。

102. 《解放日报》1946年8月16日。

103. 《华商报》1946年8月16日。

104. 《河源晚报》2017年4月18日。

105. 《羊城晚报·羊城派》2021年4月9日。

106. 张春望：《中共早期侨务工作重要领导人——许甦魂》，《人民日报》（海外版）2021年6月21日。

107. 《学习时报》2024年4月12日。

网络文献

108. 新华社：《永远的丰碑·红色记忆：东江抗日根据地》，https://www.gov.cn/test/2007-09/07/content_742305.htm，2007年9月7日。

109. 广州市情网：《广州共产主义小组的建立及中共在沪浙的成立》，http://gzsqw.org.cn/sdfzpc/gzds/ztyj/202005/t20200518_6674.html，2020年5月18日。

110. 中国老区网：《信仰的力量——浅谈"甘溪精神"的由来与弘扬》，http://www.zhongguolaoqu.com/index.php?m=content&c=index&a=show&catid=20&id=70603，2022年7月11日。

111. 今日惠州网：《惠州十大今日惠州网：《惠州十大红色名片遗址评选结果出炉》，http://www.huizhou.cn/news/newsc_counties/newsc_hz/202110/t20211025_1471530.htm，2021年10月25日。

112. 揭阳新闻网：《彭湃在揭阳的革命活动》，http://www.jieyang.gov.cn/zgb/wytd/content/post_811071.html2023年11月9日。

内部资料

113. 《我们是怎样奋斗过来的——"五大"斗争经过》，中央档案馆、广东省档案馆：《广东革命历史文件汇集（1941—1945）》。

114. 《包惠僧给中共广州党史组的一封信》，《党史教研资料》1979年9月第2期。

115. 谭天度：《回首往事话当年》，中共广州市委党史研究委员会办公室：《广州党史资料》，1981年7月1日。

116. 中共广东省党史研究室委员会办公室等：《广州农民运动讲习所文献资料》，1983年12月。

117. 《目前形势与我们的方针任务》《第三次反扫荡斗争的工作指示》，中共惠阳地委党史办公室：《东江党史资料汇编》第四辑，1984年版。

118. 叶左能、谢乾生：《海陆丰农民运动概况》，中共惠阳地委党史办公室：《东江党史资料汇编》第五辑，1985年版。

119. 程跃群：《东江流动剧团的组织活动和活动情况》、《东江华侨回乡服务团章程》《忠诚为国服务的一年》《马来亚华侨二月份义捐成绩比较表》《一月份马来亚华侨汇回义款统计》《南洋惠侨救乡会加紧工作》，中共惠阳地委党史办公室、中共惠州市委党史办公室：《东江党史资料汇编》第九辑，1987年版。

120. 中共惠东县高潭镇委员会、惠东县高潭镇人民政府：《高潭革命斗争史料汇编》，1987年版。

121. 中共潼侨镇委员会、潼侨镇人民政府：《惠州华侨华人民间文献图文集》，2020年版。

122. 中共水利部综合事业局委员会《中共水利部综合事业局委员会关于转发〈水利部关于在全国水利系统广泛开展向"时代楷模"东深供水工程建设者群体学习活动的决定〉的通知》（综党函〔2021〕19号）。

后　记

　　《东江革命简史》作为广东东江干部学院党性教育教材，主要用于教学，在各方支持下终于完成编纂。本书编写工作始终坚持以历史唯物主义为指导，注重吸收学界已有研究成果，力求系统呈现东江地区革命斗争的光辉历程。

　　在基础史料运用方面，《中国共产党东江地方史》（中共党史出版社2001年版）和《东江革命根据地史》（广东人民出版社1995年版）为本书提供了重要学术支撑。前者全面梳理了东江党组织的发展脉络，后者则对革命根据地的建设进行了翔实的考据，共同为本书的编撰打下了坚实的基础。特别是在苏区政权建设、武装斗争策略等章节中，我们直接引用了两书整理的多份统计数据，在此向原编写单位及作者致以诚挚谢意。

　　在编撰过程中，我们注重实地调研与文献互证。编写组先后赴汕头、惠州、梅州、汕尾、东莞等地的革命旧址考察，采集史料、档案，使书中的历史叙事更具立体感。同时，也得到了中共惠州市委党史研究室的支持和帮助，在此，一并表示真诚地感谢！

　　作为集体研究成果，本书还借鉴了近年来东江革命史研究的新成果，丰富了历史叙述的层次感。希望这部凝聚多方智慧的简史著作，能为广大党员干部研习地方党史提供参考。

　　限于编者的学识水平，我们清醒认识到书中的有关章节，仍有待更深入的专题研究。恳请学界同仁与广大读者不吝指正，以便在后续修订中不断完善。

广东东江干部学院《东江革命简史》编委会

2024年12月